全境封锁™

黑马漫画创始人：Mike Richardson
大中华区总经理：蔡 超
高级经理：武文超
高级数字化经理：李雪静
美版编辑：Ian Tucker
美版助理编辑：Megan Walker
美版美术设计：Jimmy Presler
美版数字艺术工程师：Allyson Haller，Chris Horn

次元书馆

出版统筹：贾 骥 宋 凯
出版监制：张泰亚
助理编辑：赵 赟 乔 红
美术编辑：张恺珈

全境封锁™

失序的世界设定集

法国育碧娱乐公司 著　　红房子　徐宇 译

新 星 出 版 社　NEW STAR PRESS

特别鸣谢：

约翰·比约林，弗吉尼亚·波耶罗，斯通·钦，理查德·丹斯基，埃尔莎·福涅尔，特拉维斯·格茨，克洛伊·哈穆德，霍莉·华，克雷格·哈伯德，雅各布·克鲁恩，卡罗琳·拉马奇，安东尼·马坎托尼奥，杰拉德·麦莉，埃里克·穆塔迪尔，乔基姆·曼森，本尼迪克特·波德莱尼格，路易斯·特鲁平，克里斯托弗·齐亚吉克，以及《汤姆·克兰西：全境封锁 2》的制作组全体工作人员。

Simplified Chinese edition published in 2019 by New Star Press Co., Ltd.

图书在版编目（CIP）数据

全境封锁：失序的世界设定集 / 法国育碧娱乐公司著；红房子，徐宇译

. —— 北京：新星出版社，2019.11

ISBN 978-7-5133-3629-1

Ⅰ. ①全… Ⅱ. ①法…②红…③徐… Ⅲ. ①网络游戏－介绍－法国 Ⅳ. ① G898.3

中国版本图书馆 CIP 数据核字（2019）第 161054 号

全境封锁：失序的世界设定集

法国育碧娱乐公司著　红房子　徐宇译

责任编辑：汪　欣

责任印制：李珊珊

出版发行：新星出版社

出 版 人：马汝军

社　　址：北京市西城区车公庄大街丙3号楼　100044

网　　址：www.newstarpress.com

电　　话：010-88310888

传　　真：010-65270449

法律顾问：北京市岳成律师事务所

读者服务：010-88310811　service@newstarpress.com

邮购地址：北京市西城区车公庄大街丙3号楼　100044

印　　刷：北京美图印务有限公司

开　　本：635mm × 965mm　1/8

印　　张：20

字　　数：64千

版　　次：2019年11月第一版　2019年11月第一次印刷

书　　号：ISBN 978-7-5133-3629-1

定　　价：168.00元

UNITY

· THE DIVISION ·

SHD

· EXTREMIS MALIS · EXTREMA REMEDIA ·

前　言

“没有秩序给予温饱的文明撑不过三天。”

——古罗马箴言

就像罗马人所理解的那样，社会越是发达，也越容易分崩离析——这种不安的设想再一次被去年发生的可怕事件证实。在天花嵌合体在纽约市大肆传播之前，我们的现代科技已经创造了一个纷繁相连的世界。事实证明，我们也创造了一种更容易被背弃和否定的状态。

在疫情爆发之前，以下的事情都是真实可信的：

- 杂货店通常只能为周边社区提供最多三天的食物供应。
- 医院的库存都靠“及时”生产，这取决于根据医院的专业程度和规模大小，通常医院只有 3 到 8 天的有限自主权。
- 研究好的疫苗投入生产大概需要 6 到 36 个月。
- 流感病毒可以在美元钞票上存活 17 天。

今天，某个人的狂傲加上另一个人在病毒学方面的专业知识，已经迫使大城市们屈膝。这使得我们的联邦政府瘫痪，并且将恐慌的震荡传递到了全世界。纽约和华盛顿特区的情况，成为了灾难片的素材。民主社会体系正在以惊人的速度崩塌。

但展望未来，还是应当以大局为重。

我们这一物种，在历史上具有恢复性和适应性，正处于数亿年进化的巅峰。在时间长河中，多细胞生命体几乎每天都受到传染性病原体的攻击，智慧生命在无数次的疫情中生存，这一次我们也能活下去。能活下去的原因之一便是国土战略局的存在。

本手册全面介绍了这一机构，包括它的内部组成和培训方案这类机密内容。我们保证，今天该机构的部署，是为了确保民主社会的延续，为了拯救残存的一切。

LIVE
swash

序 章

形势报告与时间线

形势报告

纽约市

注：疫情在美国爆发，导致周边国家封锁了与美国的边境线，来延迟疫病蔓延。这对于美国的海外贸易、军事行动和美国居民流动造成了重大影响。

纽约市拥有八百五十万人口，是美国人口最多的城市，由曼哈顿区、布鲁克林区、皇后区、布朗克斯区和斯塔滕岛五个被称作“自治区”的独立行政区组成——纽约在很早以前就成了全球经济、贸易和文化的中心。

但在最近几十年里，这种不可替代的地位让纽约市成为国际恐怖组织怨恨和报复的目标。到今天为止，作为美国模范城市的纽约，却成了美国现代史上两起最具破坏性的恐怖袭击的发生地：2001 年 9 月 11 日基地组织劫持商用飞机进行的自杀式袭击，以及去年 12 月由“绿钞毒”制造的生物武器袭击。

在天花疫情爆发的初次隔离后，纽约市迅速封锁了桥梁和隧道，并派遣联邦军队帮助城市里的警察平息日益加剧的恐慌。之后空运被关闭，海军也封锁了所有水路。纽约人很快便有了被孤立、被围困甚至是被抛弃的感觉。市内开始出现动乱，事态逐渐失控。

NEW YORK

NY News Media

FOR HOME DELIVERY CALL 1-800-NYNM

nPkObz96B2s

VOL.CLXV....No. 55,941 | Copyright © 2015 Ubisoft | "YOUR EYES ON THE CITY" | $3 beyond the greater New York metropolitan area. | $2.00

NYC QUARANTINED!

PRESIDENT WALLER DECLARES LOCKDOWN OF MANHATTAN OVER PANDEMIC CONCERNS

POISONED MONEY FEARS RISE

Rumors of Biological Attack Unconfirmed by US Government

By STEPHEN M. SAKEES

On Friday, November 28th, the holiday after Thanksgiving known as "Black Friday," Americans spent an estimated 90 billion dollars this year in a single day of shopping—but they might have bought more than they bargained for. Recent reports suggest the dangerous pandemic currently striking the city was spread on poisoned paper money passing through countless hands during the holiday.

For days, the city has been literally plagued by a virus. Yesterday's figures from the mayor's office estimate 48% of the population is currently affected, and the death toll is rising at an alarming rate. Now a government memo, purportedly from CERA, has identified traces of the virus on newly printed $100 bills. First distributed online, the memo theorizes these bills were purposefully infected and put into circulation on Black Friday as part of a terrorist action. No group nor individual has currently come forward to claim responsibility for what the memo strongly suggests is the largest biological attack ever to take place on U.S. soil.

Government officials denied knowledge of the memo, and CERA spokesperson Rachel Rawles dismissed the document as a "complete fabrication" in a press conference yesterday about the state of the pandemic. But preparedness experts have deemed the memo's provenance convincing. Warren Merchant, author of the recent book *New York Collapse: A Survival Guide to Urban Catastrophe*, said in an interview with NY News Media, "A coordinated attack would explain how the virus has spread so quickly and thoroughly throughout the city. A pathogen with such a high mortality rate would normally burn itself out before affecting such a large swathe of the population all at once."

NY News Media has been unable to confirm the source of the memo, distributed in PDF format online, but digital forensic expert Lauren Worman verified that it hasn't been altered electronically. "It appears to be a scan of a paper memo. The redacted portions look like they were done on hand, on paper, before scanning, and since its original transmittal, the file hasn't been touched."

(Continued on Page A7)

Top Army Colonel Makes Landfall

By MIKO HIRASAKI

Recalled early from a tour in Afghanistan, U.S. Army Colonel Charles Bliss arrived in Manhattan late Thursday to direct disaster relief efforts. The move is part of the federal government's response to the escalating crisis and unprecedented lockdown of Manhattan, as President Waller has ordered U.S. Army resources to assist in containing the outbreak in New York. Officials tacitly confirmed these moves are also a response to growing unrest in the city.

Addressing the press in a briefing late Thursday, Colonel Bliss stated, "We are bringing the full force of the U.S. military to bear on this situation. We will not allow Manhattan to enter a downward spiral of looting, chaos, and fear. We will ensure order through any means at our disposal. Under my watch, this city will not fall."

This weekend, a division of the U.S. Army reporting directly to the colonel will establish a base of operations along the East River, near the Queens Midtown Tunnel. Colonel Bliss did not respond to questions about the imposition of martial law, but he said in a separate statement about combatting the outbreak that "all options are on the table."

The majority of foreign diplomats at the United Nations were evacuated before the quarantine, raising questions of when the lockdown was first anticipated by city, state, and federal authorities. "If anyone was given advance warning," City Councilman John Eldon said in an interview with NY News Media, "that raises serious concerns about the effectiveness and fairness of this quarantine. How can they selectively contain a pandemic?"

(Continued on Page A3)

Members of the National Guard wear protective gear while standing watch over a temporary medical treatment center in Harlem. Learn more about their protective equipment and how to protect yourself on page A5. *Bottom:* Store shelves in midtown were cleared of all stock yesterday afternoon.

VARIOLA MAJOR [NATURAL]
ASYMPTOMATIC / INVISIBLE | CONTAGIOUS | VISIBLE
1 2 3 4 5 6 7 8 9 10 11 12 13 14 15 16 17 18 19 20
INCUBATION | FEVER | RASH & SCABS | 30%

VARIOLA CHIMERA [MODIFIED]
ASYMPTOMATIC / INVISIBLE | CONTAGIOUS | VISIBLE
1 2 3 4 5 6 7 8 9 10 11 12 13 14
INCUBATION | FEVER | RASH & SCABS | 90%

VERSIONS OF SMALLPOX

HF 40246715 C F6

100 DOLLARS BILLS INCRIMINATED
Government officials deny the authenticity of a CERA memo alleging that the viral outbreak in New York was triggered or exacerbated by poisoned money distributed on this year's "Black Friday" shopping holiday.

New York Prepares for a Dark Winter

In an unprecedented development, Manhattan is quarantined for an unknown period of time

By YANNICK D. HAN

As New York City's historic pandemic took a turn for the worse yesterday, President Waller ordered a full lockdown of Manhattan. As of noon today, no one will be allowed to enter or exit the city without explicit permission from city authorities. Every entry point into Manhattan is currently monitored by the New York Police Department and various branches of the U.S. military. "Controlling the situation is critical," President Waller said in yesterday's announcement of the quarantine. "Protecting New York City, and our nation, requires this extraordinary step, one we hope will be short-lived."

While much of the city has been evacuated, at least a third of all residents remain according to estimates from the mayor's office. "I have a newborn baby," Chelsea resident and single mother Patricia Hughes said on 8th Avenue and 23rd Street last night. "I have not been able to find formula for him since yesterday, and I'm about to run out of my emergency supply." Even stores in well-trafficked areas like Union Square have shuttered, and those that remain open feature aisles of barren shelves, as supply lines in the city have dried up and existing stock has been depleted by panic buying.

The situation isn't affecting only local residents. Brooklynite April Kellehet, unable to return to her Park Slope brownstone due to the quarantine, was taking the maximum amount out of a still-working ATM yesterday in SoHo. "I'm lucky because I'm not sick yet, and I have a place to stay," Kellehet said. "Those are the only ways I've been lucky, unfortunately." She declined to elaborate.

While city officials deny any breakdown of law and order in conversations with NY News Media, there are widespread reports of looting and concentrated pockets of violence all over Manhattan, from Battery Park to Inwood. Yesterday evening, a man entering a darkened Lower East Side deli through its shattered front window refused to give his name to the paper, but stated, "I'm a law-abiding citizen, but I'm not going to let myself or my family starve."

(Continued on page A14)

CASUALTY PRODUCTION
SARIN | HE EVENT | TIC/TIM | ANTHRAX/PLAGUE | NUCLEAR WEAPON | SMALLPOX
TACTICAL | OPERATIONAL | STRATEGIC

PUTTING THE PANDEMIC IN CONTEXT
No modern pandemic has spread as quickly as the one currently striking New York City. Smallpox, eradicated in 1979, is the deadliest infectious disease in history, with an estimated death toll of over 500 million people. The highly contagious, rash-inducing infection is believed to have killed off more than 90% of the native population of North and South America. The below infographic compares it and its symptoms to history's other pandemics.

500+ MILLION
SMALLPOX
TYPHUS 4 MILLION
BLACK DEATH
300+ MILLION
MEASLES
SPANISH FLU
HONG KONG FLU 1 MILLION
CHOLERA 3 MILLION
SYMPTOMS

现状：重型天花（一种典型的天花病毒）的疫苗，被证明对天花嵌合体是无效的。然而在这段文字撰写时，这种流行性病毒已经在大部分社区传播，一种新疫苗正处于早期测试阶段。同时，在这座城市中残留的受污染区域，灾难紧急应变署（CERA）依然在强力使用新开发的消毒剂。

◀
图示为纽约当地报纸，整版报道了重型天花入侵和纽约被封锁的新闻。

形势报告

华盛顿特区

华盛顿特区是一个多民族、国际化、中等规模的首都城市。在疫情爆发前，华盛顿本地人口为七十万。在工作日的时候，来自弗吉尼亚和马里兰郊区的通勤者会让特区人口膨胀到一百万以上。

自从去年绿钞毒席卷联邦行政区以来，人口发生了锐减。在最初的疫情爆发后，灾难紧急应变署设立了难民营，为大批无家可归的游客提供了住处。但是天花和暴民的存在让居民和难民的人数至少减少了三分之二。许多幸存平民联合在一起，搭建了小的定居点，共同对抗电力供应不足、暴徒的劫掠，以及一系列的营养不良问题。

现状： 特区的基础设施在全市范围内持续崩溃。社区被民兵和其他敌对势力占领，陷入了无政府状态。市民的定居点正被犯罪分子有组织地侵占。

形势报告

美 国

现状：

从全国范围内来看，天花嵌合体病毒正在偏远地区流行，灾难紧急应变署顶尖的快速反应小组已经控制了病毒传播，减少了一部分恐慌。在不发达地区，就地搭建的避难所还是有一定效果的。尽管如此，当地的民兵组织和义警队以“保护”众多农村及城郊地区的名义而兴起，但其中一些成员正在实施严格独裁的纲领，一种新的恐怖正在扩散。

每天都有大量人进出纽约市，这就意味着美国的许多重要城市都会在一定程度上受天花病毒爆发的影响。然而，除了华盛顿特区以外，其他城市暂时没受到像纽约市这种规模的影响……东海岸的小城市和乡村社区有零散的疫情报告，但总的来说，病毒的蔓延基本得到了控制。

然而，恐惧立刻在全国范围内传播起来，比病毒传播的速度还快。全国宣布进入紧急状态，联邦的旅行禁令开始生效，戒严和强制宵禁成了各地的常态。受感染的公民必须到临时的露天诊所报告，以保证医院正常营业，为其他紧急情况提供医疗服务。武装力量已取得授权，守卫着隔离线。

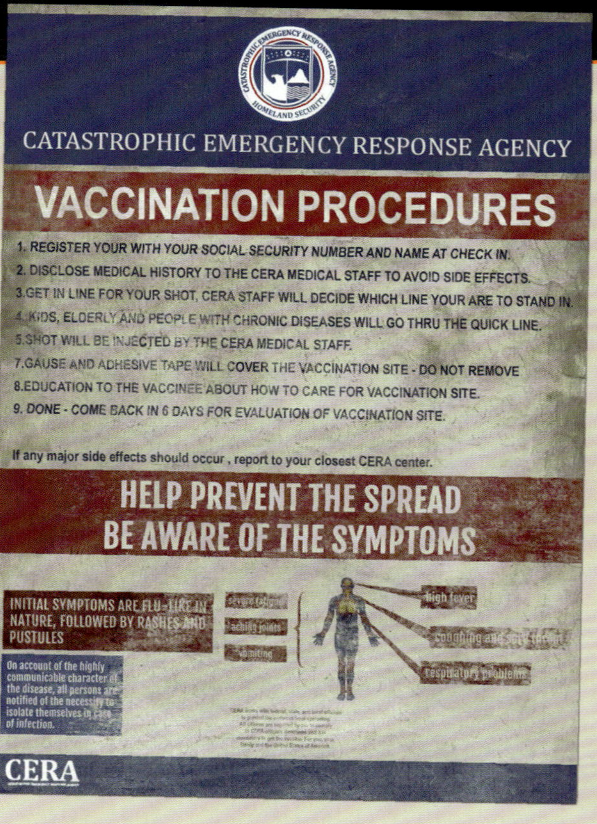

即使当地警力、美国军队和国民兵紧密合作，保护措施依然薄弱，社会动荡不断加剧。由于强制执行了旅行禁令，无法回家的人们被安排在了搭建的难民营里，这些营地正成为滋生动荡的天然温床。

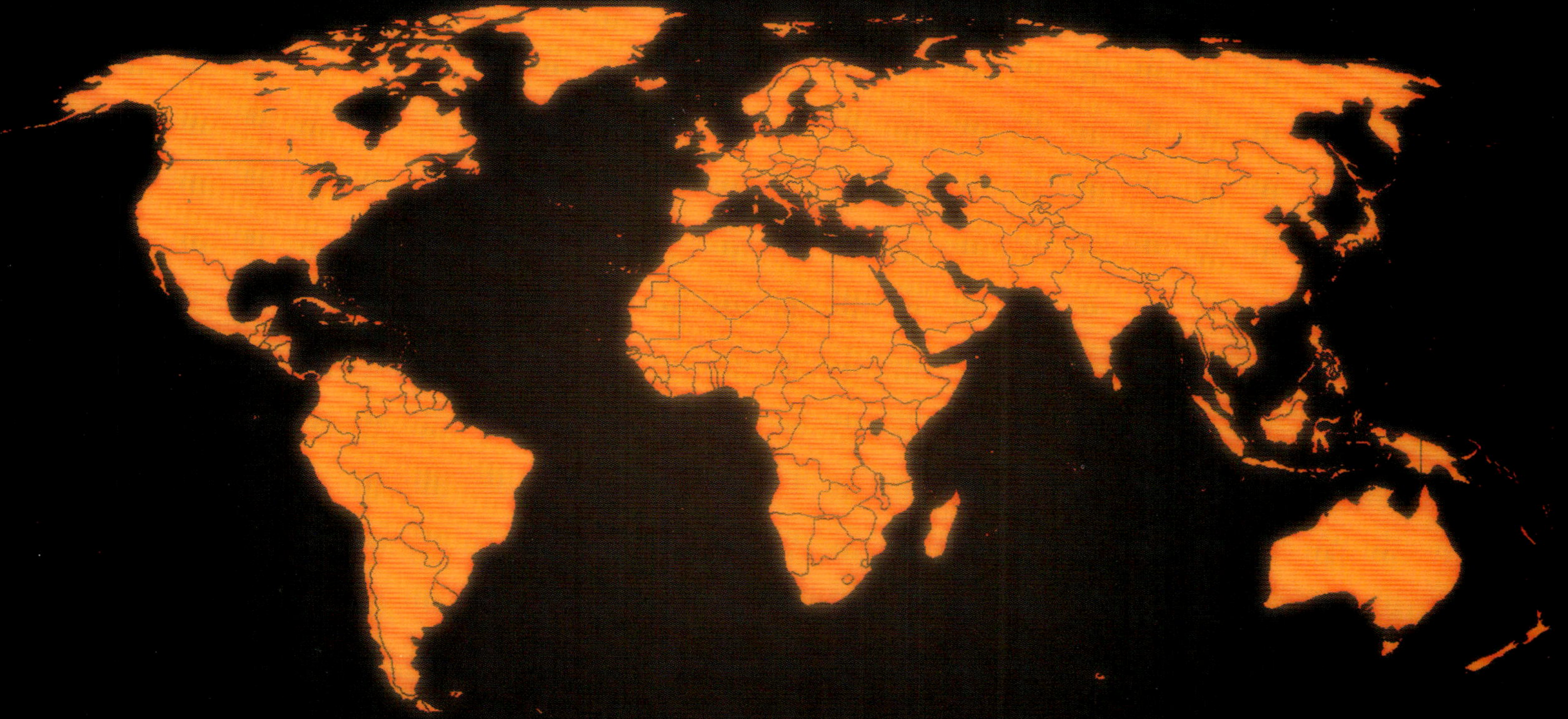

形势报告

全 球

绿钞毒在世界各地出现病例。这些国家根据自己的人口密度、气候、文化和地理这些区域因素，正努力地隔离这些正在受灾的地区。

美国以外的大多数地区都收到了足够高级别的预警，并与世界卫生组织（WHO）和其他国际紧急援助组织合作，试图制订一个相对有效的应对措施。全球的疫情控制工作在努力进行，疫苗将要完成的消息使所有人都心情振奋。但美国联邦政府却接近崩溃，这令世界上的其他国家焦躁不安。

现状：因为纽约市，特别是华盛顿特区的 4000 多枚核武器的控制和指挥权处于危险之中，所以整个国际社会都在屏息关注这里的紧急重建工作。

重大事件的时间线

爆 发

11月23日

这是感恩节后的第一天，也是一年中最盛大的采购日。但是在这个黑色星期五，覆盖着天花嵌合体——这是一种传染性极强的天花病毒，现在被称作“绿钞毒”的钞票在纽约市开始流通。拥挤的人群大范围疯狂地移动，使得病毒迅速扩散。在七天的潜伏期里，这种致命病毒并未被察觉。但是购物者、游客和其他旅行者已经携带着它离开了世贸中心遗址。

12月1日—5日

病症开始出现之后，第一波感染在几天之内就肆掠全城。最初激增的病例让当地的医疗机构迅速瘫痪。因此联邦政府疾病管制局（DCD）和其他联邦机构迅速介入，并宣布进入紧急状态。

但病毒扩散的速度极快，遏制已经变成不可能的事情。国民兵被召集，纽约市被封锁。军方和当局封住道路，暂停公共交通，禁止进出城市。公众被下令就地避难并待在家中，所有的商业行为被叫停。纽约人第二天醒来的时候，发现整座城市出奇地寂静。

▲
图为灾难紧急应变署发布的海报，倡议市民用抗菌药水洗手，以摆脱有害细菌或病毒。

12月6日—10日

美国总统劳伦斯·沃勒命令美军包围并封锁纽约市，海军也封锁了所有的水路。

灾难紧急应变署（CERA）开始大规模使用现存疫苗。最初接种疫苗的人是位于主要传染地带的急救人员。很快，医务人员开始在诊所、工地、停车场等地为公众接种疫苗……只要是灾难紧急应变署能够找到人的地方，都在广泛进行接种工作。

在这怪异的平静中，城市的生活似乎恢复了正常：商店在限定的时间段重新营业，人们允许在非宵禁的时间段回到街上。灾难紧急应变署在全市设立各种露天诊所，在这里分发补给、抗病毒药物和个人防护装备。

针对这种进化的天花病例，灾难紧急应变署在曼哈顿中城区的中心区域建立了大型的医疗设施——行政区内被隔离的“病区”。许多曼哈顿最具标志性的建筑都坐落在这里，如卡内基音乐厅、帝国大厦、广场酒店、洛克菲勒中心、无线电城音乐厅、特朗普大厦等。医务人员将受感染的市民聚集起来，把他们带到该地区进行治疗，同时也开始对围墙进行加固。

几天之内，两个悲哀的事实变得清晰。第一，现有的天花疫苗并不能对抗新病毒株。第二，因为对人口流动限制有所放松，使得这种疾病传播的速度更快，范围更广。成千上万的新病患涌现——第一波死亡的恐怖浪潮席卷了全城。

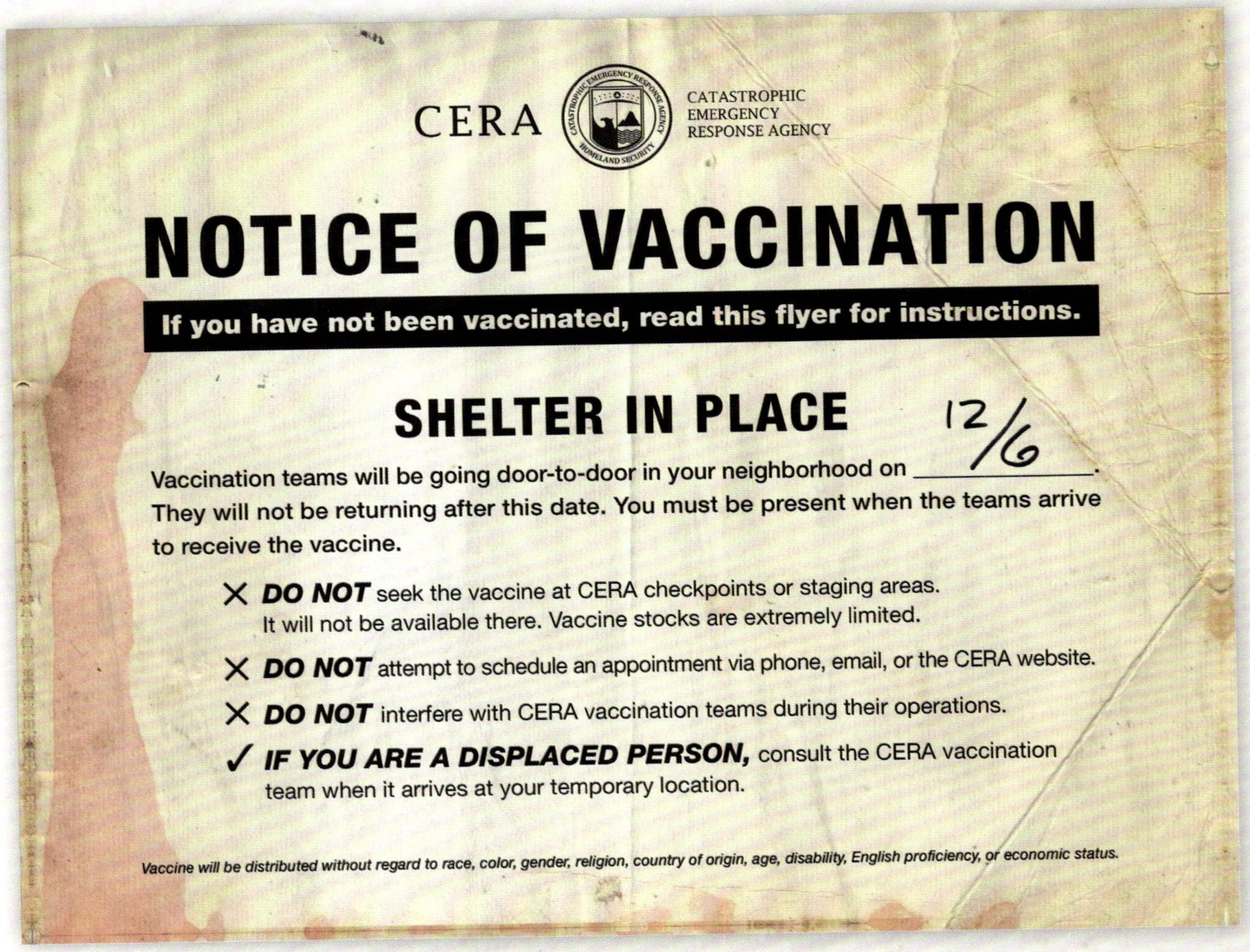

CERA
CATASTROPHIC EMERGENCY RESPONSE AGENCY
NOTICE OF VACCINATION
If you have not been vaccinated, read this flyer for instructions.
SHELTER IN PLACE
Vaccination teams will be going door-to-door in your neighborhood on 12/6.
They will not be returning after this date. You must be present when the teams arrive to receive the vaccine.
✗ DO NOT seek the vaccine at CERA checkpoints or staging areas. It will not be available there. Vaccine stocks are extremely limited.
✗ DO NOT attempt to schedule an appointment via phone, email, or the CERA website.
✗ DO NOT interfere with CERA vaccination teams during their operations.
✓ IF YOU ARE A DISPLACED PERSON, consult the CERA vaccination team when it arrives at your temporary location.
Vaccine will be distributed without regard to race, color, gender, religion, country of origin, age, disability, English proficiency, or economic status.

12 月 11 日 —14 日

世界卫生组织（WHO）正式宣布这是一次大规模的疫情爆发。总统在全国范围内实施戒严令。

在纽约，食物和补给渐渐变少。随之，黑市和走私客开始猖獗。市内开始出现动乱：抢劫者打破宵禁，并威胁医院和商店的安全。恐惧和混乱如同新的传染病一般蔓延着。惊慌失措的纽约市民试图逃离城市，于是他们和隔离线的武装部队发生冲突。街道上的违法乱纪行为与日俱增。

由于人力严重不足，暴徒暴力干扰，治安部队开始从某些混乱的社区撤离。残存的警力和军事小组合并，组成了 JTF 联合特遣队。

联合特遣队封锁了五个行政区，并限制它们之间的通行。虽然这使得整个城市的安全管理更容易，但也给在人口密度最大，灾情最严重的曼哈顿中城区工作的团队行动带来了巨大的压力。

疫情很快传播到华盛顿特区并在更大范围内迅速扩散。媒体对纽约市的混乱状况进行了报道，造成了华盛顿特区居民的恐慌，并引发了一系列暴乱。这些事情几乎在一夜之间发生，因此纽约市的公共服务也在七十二小时内瘫痪崩溃。

▲
救援营地的注意事项，进入营地的人必须登记，经过工作人员同意方可入内。

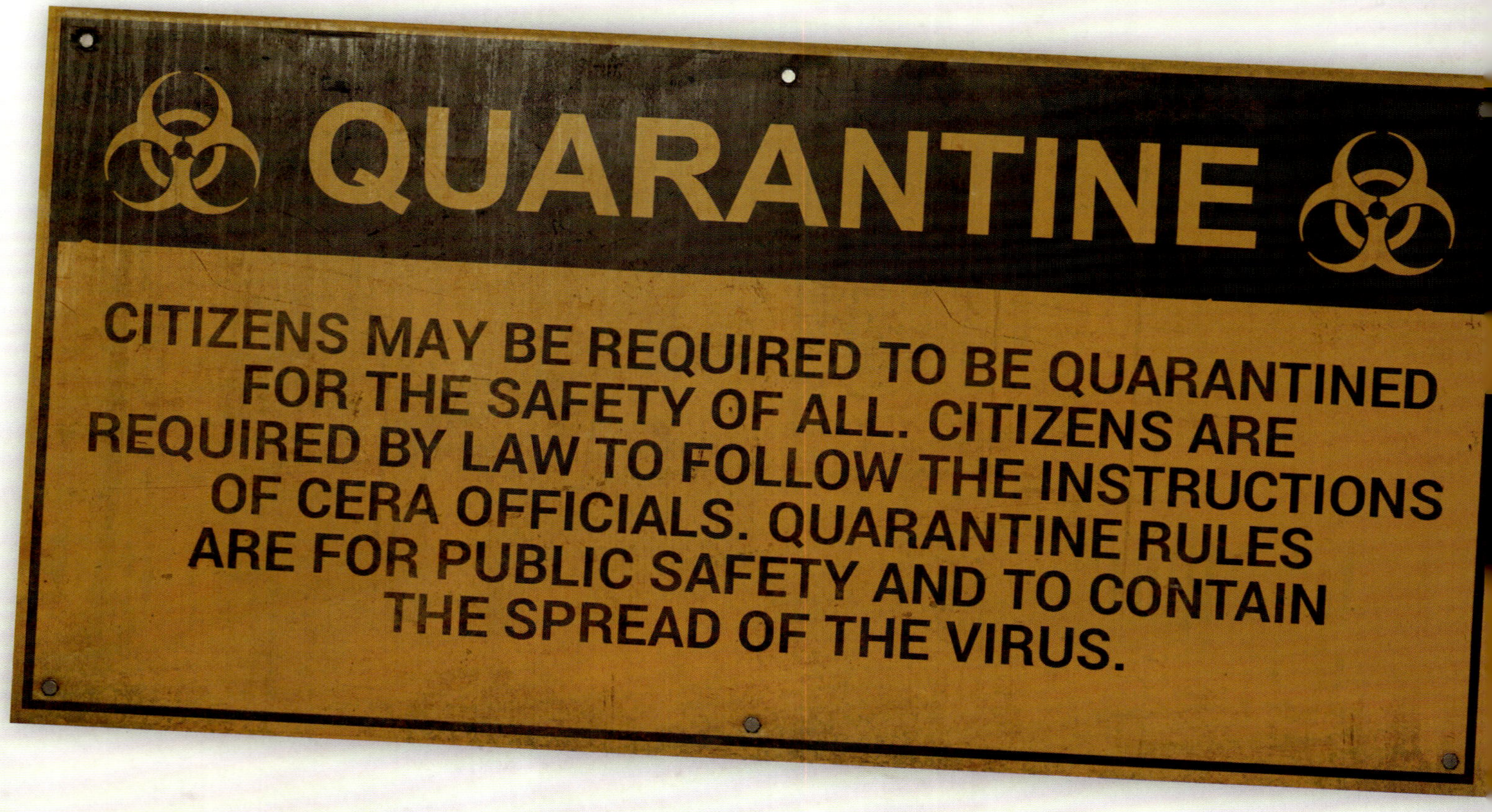

QUARANTINE
CITIZENS MAY BE REQUIRED TO BE QUARANTINED FOR THE SAFETY OF ALL. CITIZENS ARE REQUIRED BY LAW TO FOLLOW THE INSTRUCTIONS OF CERA OFFICIALS. QUARANTINE RULES ARE FOR PUBLIC SAFETY AND TO CONTAIN THE SPREAD OF THE VIRUS.

▲
对纽约市民进行封锁隔离的通告。

关于特区国民兵：当需要特区国民兵（DCNG）时，市长或作为市长代理人的国土安全和应急管理局（HSEMA）主管，必须通过特区国民兵的司令官调整请求。司令官将这一请求及其性质上报美军副部长。副部长会与司法部长、国防部长讨论这一请求。司法部长会制定一些政策，军队在向行政区当局提供军事支援时要遵循这些政策。如果美军副部长批准了，司令官会通知市长这一决定，并在副部长和司法部长限定的范围内提供必要的资源。如果能提前调动的话，应急管理局将会和特区国民兵一起协助官方协调。

12 月 15 日—17 日

联邦当局在曼哈顿规划了新的隔离区，以控制岛上的人口迁移。军方工程师开始在第 14 街和第 58 街设置临时路障，并称其为分界线。这些分界线将市区分为三个不同的部分：下城区、中城区、上城区。

被封锁的市中心“病区”变得越来越不安全。灾难紧急应变署在这里持续运送和拘留天花病人。暴怒的匪徒们试图暴力逃跑，其他各种非法行径也愈演愈烈。联合特遣队遭受到惨重的损失，他们的撤离导致整条封锁线无人巡查。

在华盛顿特区，美国国会警察和都市警察封锁了整个哥伦比亚行政区。国民兵被召集，为联邦工作者和政府官员提供额外的保护。

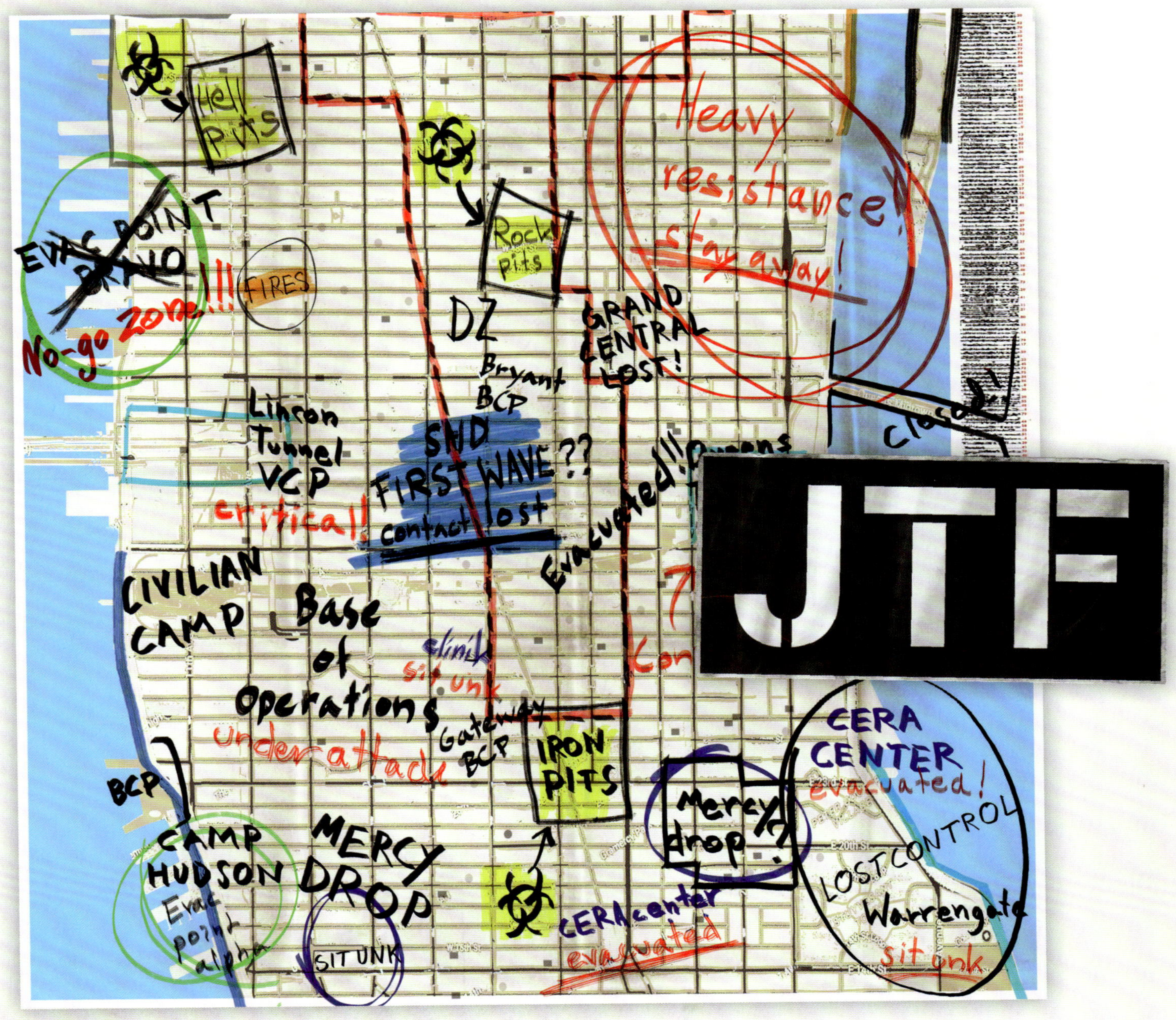

12 月 18 日—20 日

为了应对日益严重的政府危机，沃勒总统实施了 51 号政令。美国总统及其家人、内阁成员和高级官员登上海军陆战一号，从白宫撤离到了马里兰州的戴维营。总统即刻起用第一批国土战略局特工，安排他们进入纽约市。

两天后，被封锁的市中心“病区”频发停电事故。这块区域现在就如同一个死亡陷阱，充斥着成堆被感染的尸体，不受控制的熊熊大火和肆掠成性的帮派。这里很快获得了一个新称呼：暗区。夜晚，街道变成了可怕的“无人区”，疾病、死亡和野蛮的暴行无处不在。

二十四小时内，联合特遣队和所有的医务人员被迫放弃了暗区的大型医疗设施，并迅速向南方撤退。他们退守到曼哈顿中心的纽约邮政总局，这座巨大的建筑占据整整两个街区（将近 50 亩的面积），是灾难紧急应变署和联合特遣队的重要行动基地 。

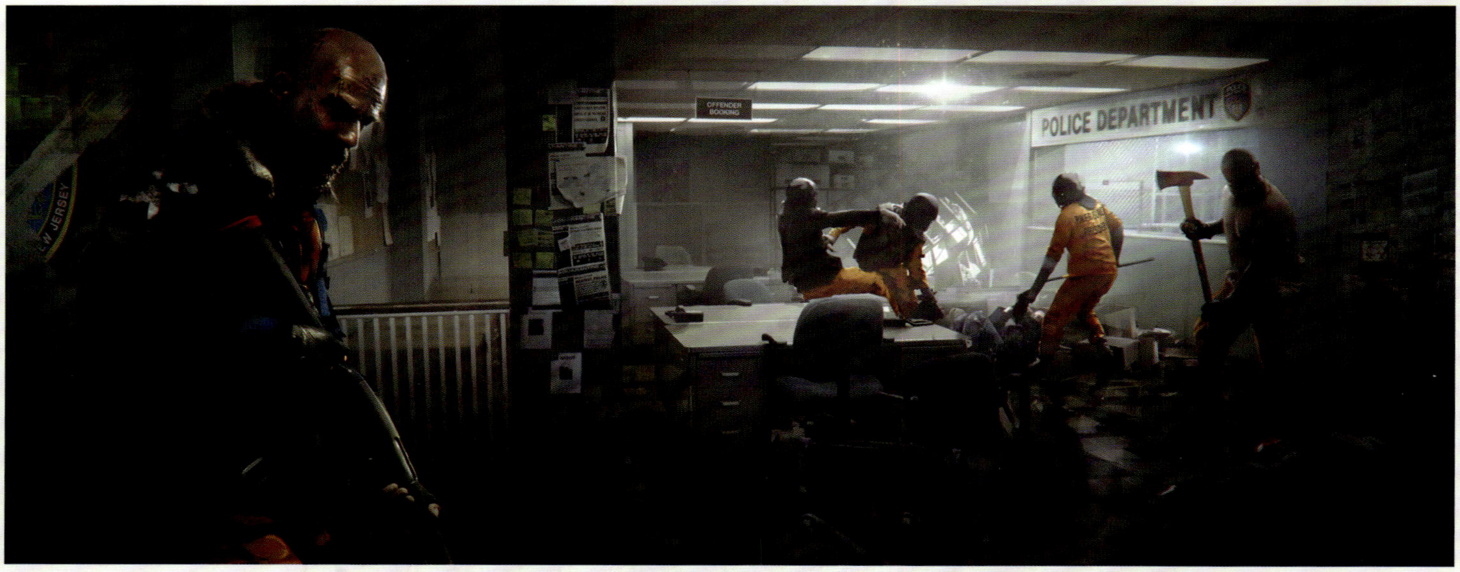

12 月下旬

战略局第一批特工部署在暗区，他们建立前哨站，试图平息暴力、恢复秩序。他们传来的报告令人震惊，那片区域的混乱程度远远超出人们的想象，那里比这座城市的任何地方都原始。

在接下来的几天里，联合特遣队基地调度员与整个战略局失去了联系，无人回应。与此同时，暴徒威胁要占领纽约邮政总局。

随着新年临近，纽约市陷入了前所未有的人道主义灾难。据初步统计显示，有二十多万民众死于感染或暴力。更多的人无家可归，留在避难所和诊所里。所有基础的市政服务都已关闭。

在纽约市的东河边，有一座占地两千多亩的大楼，即赖克斯岛监狱。监狱里发生了大规模的越狱事件，数千名暴力、绝望的罪犯流窜到充满病患的城市中。许多罪犯联合在了一起，组成了一个叫“赖克斯”的强大帮派，就像城市军阀一样，他们开始残酷地控制市区。

1月1日—5日

总统在哥伦比亚行政区起用了战略局特工，那里的食品和天然气短缺，再加上大面积停电，引发了大规模的骚乱和抢劫。高层政府官员开始转移到全国各地的安全地点。

遵照纽约市行动的先例，所有华盛顿特区的军队和执法机构联合起来，接受联合特遣部队的单线指挥。

国家公园管理局帮助灾难紧急应变署为华盛顿特区设立了一个隔离区——提供给西奥多·罗斯福岛上被感染的病人。这座岛位于波多马克河上，占地537亩，为国家纪念遗址。

灾难紧急应变署在国家广场的史密森尼城堡内搭建了规模较大的难民营。这个被称作“城堡”的避难所，是为那些在撤离中困在华盛顿南部的外地人建立的。

1月6日

总统在纽约市起用了第二批战略局特工。尽管在空运至曼哈顿港口的过程中遭受了重大损失，但新的小队仍旧迅速采取行动，驱逐暴徒，并解除了暴徒对纽约邮政总局的围攻。

一旦曼哈顿这一重要枢纽的安全得到保护，有重型武器的联合特遣队开始扩大他们的控制区域，从一个街区到另一个街区。

1月7日

沃勒总统死于心脏骤停。也有传言说他死于病毒，因此又引发了新一轮的恐慌。副总统托马斯·埃利泽·门德斯宣誓接任总统。他拒绝离开特区前往偏远地带。

1 月 10 日

联合特遣部队推选了马里兰州的国民兵队长安特文·里奇韦上校，由其担任联合特遣队东南区域的外勤指挥官，并授予他将军军衔。里奇韦对首都暴徒的暴动进行了残酷镇压。

1 月下旬

随着华盛顿特区基础设施持续崩溃，民用通信基本中断。

国民兵和外勤配给中心帮助维持该地区南部的秩序。但持续的天然气短缺引发了宾夕法尼亚大道以北的暴动，激烈的帮派斗争蔓延到了北部社区。

2 月初

随着华盛顿特区局势恶化，美国军方陷入了危机。失去与指挥部的联系，并出现一连串的逃兵和大量的伤亡之后，许多部队都分崩离析——这其中一部分原因是天花病毒，另一部分原因是市区多次起义引起的摩擦事件。

病毒不可避免地在区域间蔓延，很多地方出现了粮食和安全危机。国际贸易停摆，导致全球各地经济陷入混乱，更是加剧了危机。

2 月 14 日

特区内几个主要的犯罪帮派一直在激烈争夺宾夕法尼亚大道以北地区的控制权，但现在他们宣布休战，并组织了一次集会。这次集会将各个凶残的帮派联合起来，组成一个被称作“鬣狗”的松散联盟，他们使用叛乱式的策略行动。

2 月下旬

里奇韦将军为了支持强制隔离，采取了更加激进和致命的措施，这导致他受到谴责并最终被逮捕，接受军事法庭的审判和监禁。然而他在联合特遣队里忠诚的成员救了他。在里奇韦的统帅下，这支叛变的部队变成了训练有素、装备精良的民兵组织，被称作“真实之子”。他们的目标是：建立领地，统治公众。

部署在世界各地的军队和准军事人员被召回，并被悄悄安置在美国境内的隔离区域。

3 月初

冬去春来，恶劣的天气得到好转，这种紧急事态也得到了缓解。全国各地的社区开始适应新的现实。但是在华盛顿特区，联合特遣部队逐渐崩溃和撤退，导致该城市的大部分地区都被帮派掌控。

有些幸存者被迫隔离在波多马克河上的西奥多·罗斯福岛上，痛苦的他们推翻了这个营地，形成一个以复仇为目标的组织，自称“流亡者”。他们的领导者是极具个人魅力的艾米琳·萧。该组织在波多马克活动中心建立了大本营，并从波多马克向东推进。

在白宫以西的乔治·华盛顿大学里，一个灾难紧急应变署难民中心开始实现自力更生和自我防御。居民们将该地区建成一个名为“校园”的避难所。

在东边，里奇韦将军的“真实之子”部队夺取了美国国会大厦的控制权，并在那里建立了总部：这是极具象征意义的胜利。

3 月下旬

在华盛顿特区东北部，绝望的平民为了躲避残酷的巷战，一直聚集在历史悠久的福特戏院。在聚落的前任领袖死后，前战略局特工敖德萨·索耶带领居民加固了建筑，建立了一个自给自足的避难所，被称为“戏院”。

4月9日

门德斯总统在宣誓就任的三个月后，死于自杀。然而，种种情况表明，特勤局可能遭受了威胁。众议院议长安德鲁·埃利斯和其他国会议员躲在北美防空司令部，他在那里宣誓接任新的美国总统。

5月初

在从北美防空司令部向华盛顿特区返航的过程中，“空军一号”遭遇防空导弹袭击。飞机在国会大厦附近坠毁，埃利斯幸存下来，但被“鬣狗”组织抓住并扣为人质。

国土战略局的网络突然神秘崩溃。战略局小队彼此失去联络，为了制订作战方针，他们只好返回首都。在接下来的一段时间，特工们从美国各地赶来，却发现该机构在白宫的行动基地已经被敌对组织包围。

5月下旬

华盛顿特区幸存下来的三个避难所——“城堡”“校园”和“戏院”——面临着来自当地侵略者的威胁——包括“真实之子”“流亡者”和“鬣狗”这些组织——压力越发巨大。国土战略局的主要基地也受到毁灭性袭击。在保护避难所的过程中，特工队们被迫将有限的资源稀疏分散。希望扩大城市的安全区和资源交易网。

6月初

“真实之子”使用化学武器袭击了史密森尼城堡内的避难所。“城堡”的防御瞬间瓦解。多数居民在战斗中丧生，或在投降后被处决，只有少数人被救到了安全的地方。

6月下旬

“黯牙”这个组织被揭露出来，它要为国土战略局网络的崩溃负责。战略局特工从世界银行里解救特区总统埃利斯之前，该组织在白宫发表了演说。

7月

在国会大厦执行任务后，战略局特工回收了一个公文包，这是找到潜在广谱抗病毒药物的关键。在“黯牙”入侵华盛顿特区，将整个城市包围的同时，埃利斯消失得无影无踪。他们占领了贯穿城市的重要地标，并破坏了一处地下设施，并抢在战略局下手前缴获了广谱抗病毒药物。

2:10

第一章

国土战略局

国土战略局（SHD）——简称为“国战局”，是一个权力分散、自治管理的实体，拥有不受法律约束的行政权力和作战准则。特工们接受过在致命的CBRN（化学、生物、放射、核）环境中作业的训练。他们的任务是在社区遭受灾难性事件的破坏时，能够维持秩序、稳定和正义。该机构还保证，如果国家级的大灾难破坏了政府的运作，他们将会迅速做出反应，秘密支持“政府延续性”计划的实施。

起　源

国土战略局的核心理念，是在各地社区中安插训练有素的潜伏者特工，随时准备在灾难或者侵略发生时挺身而出。这种做法已经深深根植于现代历史之中。

第二次世界大战期间

1940 年，德国的闪电战在短短六周时间横扫西欧各国。希特勒建立了一个军事政权统治被占领的区域，随后把目光转向英吉利海峡。英国政府预料到了德国的袭击。他们培养了一批秘密战士，作为陆军总司令部（GHQ）的辅助部队——这是第一次有组织的抵抗运动。在遭受入侵时，这些部队会遵照命令，用一切必要的手段进行抵抗。

在自己国土后方秘密配置作战者的做法被称为“留守策略”，英国 GHQ 的特工们来自各行各业，他们都接受过严格的“非常规战争”训练——暗杀、破坏、拆迁、徒手搏斗和宣传工作。在德国入侵的时候，为 GHQ 服务被认为是高危职业。一个辅助部队的成员，预期能在战场存活的时间只有 12 天。在可能被侵入者抓获的情况下，GHQ 的作战人员会接到队员互相射击的命令，这样能够保证特工不成为俘虏，当然最好是能使用炸药和敌人同归于尽。

冷战时期

二战结束后，在与苏联和华沙条约组织的后续对抗中，北大西洋公约组织（NATO）与美国中央情报局（CIA）采纳并完善了“留守策略”。核灾难的新威胁不断笼罩在国际事务头上，美国制订了很多秘密计划来确保“政府延续性”（COG）——即在发生核战争这样的灾难性事件后，仍然能有必要的行动能力，其中包括全国戒严令、地下储备政府和其他一些高度机密的措施。

恐怖主义时期和非国家行为者

2001年，两起重大事件促使美国对“政府延续性”理念进行进一步完善。同年6月，联邦机构进行了“暗冬行动”高级模拟演习，以测试美国应对大规模生物武器恐怖袭击的能力。演习针对俄克拉荷马城以及乔治亚州和宾夕法尼亚州的两个地点，模拟释放天花病毒。其目的是评估面对这种致命威胁时，国家应急响应协议和美国医疗基础设施的运作能力如何。

结果发人深省，各级决策者显然毫无防备。医疗系统的“增援能力”严重不足，医院很快就不堪重负。根据演习后的官方报告，“暗冬行动”暴露了地方政府、州政府、联邦政府之间存在大的“断层”。公共机构和私营机构的反应也是如此。像美国国家安全委员会这样的重要机构，未能确定攻击的源头，也未能遏制病毒的传播。各部门反应时间太长，复杂的法律程序拖累了物流运输，贫乏的信息传递，缺少与媒体的协调，所有的一切都加剧了恐慌，加速了模拟病毒的传播。

这样的失败如果发生在现实中，后果将不堪设想。结果可能会导致大量平民的伤亡，基础服务的大规模瘫痪，以及暴徒和暴力现象的泛滥。

当然，“暗冬行动”只是一次模拟演习。但在2001年9月11日，一小群武装的恐怖分子，实施了恐怖袭击计划，造成了数千名美国人死亡，使美国政府全面瘫痪，全国航线关闭了数日，这起事件造成国民极度恐慌。随着9·11袭击事件的披露，美国总统乔治·W.布什担心会有更多的袭击，于是启用了COG计划，并恢复了旧时的冷战协议。一个隐蔽在秘密地点的储备政府时刻准备着，以防止不法分子通过斩首行动摧毁联邦政府的领导层。

行政响应：51 号政令

2007 年 5 月 4 日，布什总统签署了 51 号政令（NSPD 51）。这份指令声称：在灾难性的紧急状况下，行政权可以调用，并直接启用“政府延续性”的计划。51 号政令对这类紧急状况做出了解释：“无论何时何地，只要事件造成了人员伤亡、财产损失、服务中断，严重影响美国人口、基础设施、生态环境、经济状况或政府职能，就属于灾难性紧急状况。”

该指令非机密部分的内容在 5 月 9 日发布于白宫官网，当时并没有举行新闻发布会，也没有引起轰动。实际上，51 号政令还包括一系列高度机密的连续附件，行政部门以“国家安全”为由，并未向国会或公众公开这些附件，其中一份附件便是下令设立国土战略局。

国土战略局的设立，是对“暗冬行动”行动结果的直接回应。战略局直接向总统报告，根据“政府延续性”计划的内容，其负责在极端的 CBRN（化学、生物、辐射、核）环境下维持秩序。一旦 51 号政令生效，总统就可以起用该部门的沉睡者特工们，并即时采取行动。这些特工训练有素，分布在全国各地。

▼
图示为《51 号政令》文件。

注：主流媒体对 51 号政令鲜有报道，这让人出乎意料。因为该指令允许行政部门来定义“灾难性紧急状况”，并自行宣布发生危机的时刻，这样就能够绕过国会和最高法院，加快其决策速度。

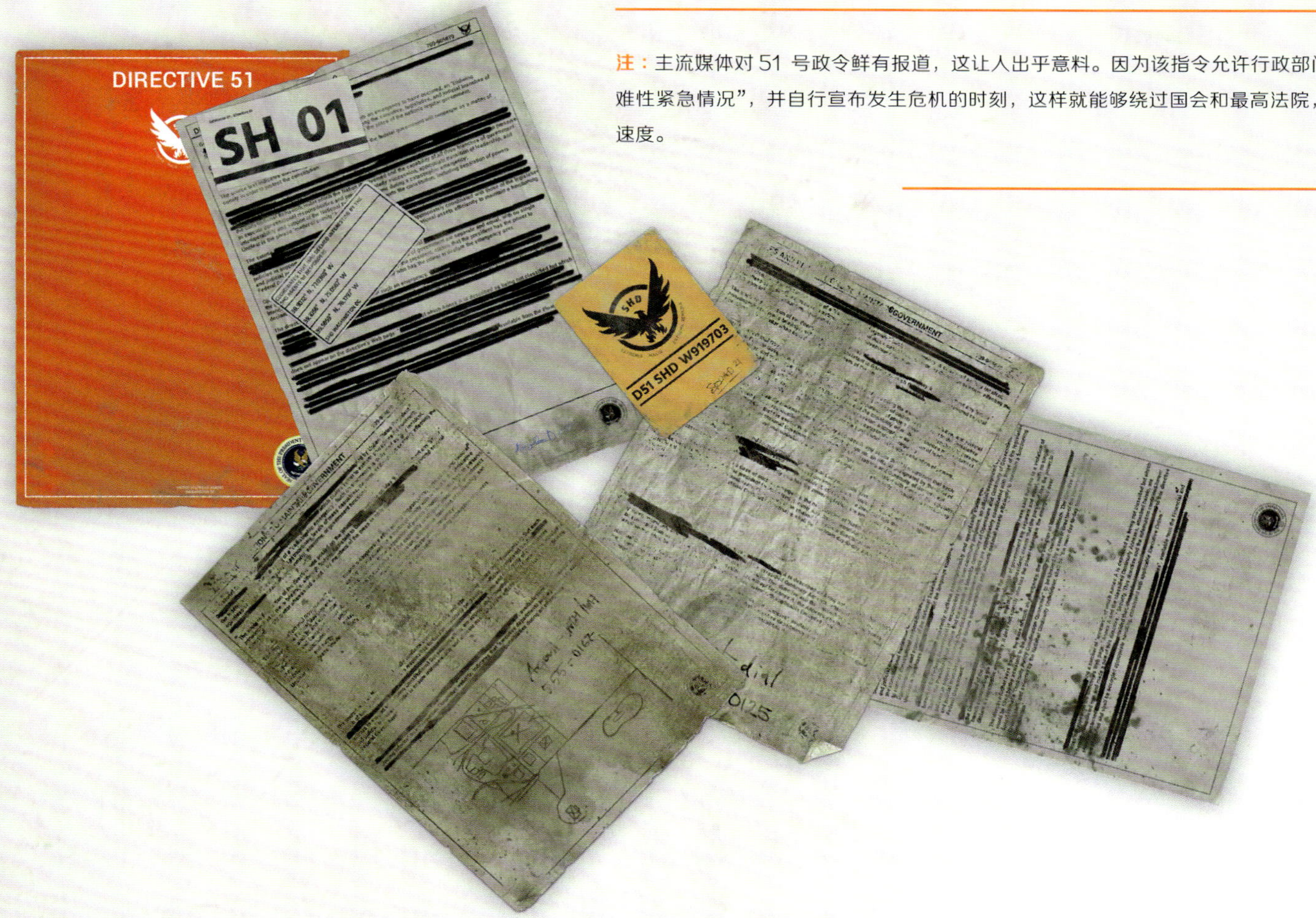

51 号政令的非机密部分规定，在灾难性事件中，所有政府权力将移交给总统、高级顾问们，以及一个委员会。委员会的成员包括：

- **副总统。**
- **国家安全顾问：** 总统行政办公室的高级助理，担任总统关于国家安全问题的首席内部顾问。
- **国家延续性协调员（NCC）：** 该指令直接规定，负责国土安全和反恐活动的助理将作为国家延续性协调员（NCC- 现任为托马斯 · P. 博赛特），NCC 的任务是通过国家延续性计划（NCIP）的实施，确保所有“国家基本职能”（联邦政府、地方政府、区政府和部落政府，也包括私营组织）持续运转。
- **延续性政策委员会（CPCC）：** CPCC 是为协助 NCC 的 NICP 计划而生，委员会由首都行政区（NCD）指定的国土安全委员会高级官员担任主席。

高度集权

在51号政令发布之前，灾难性紧急情况参照《国家紧急状态法》（NEA）处理。NEA允许总统宣布国家进入紧急状态，但同时国会在其认为总统行为不当时，也有权力“修改、撤销和停止”已授权的紧急状态及相关权限。

然而，51号政令通过任命国家延续性协调员有效地取代了《国家紧急状态法》，无须国会对该职位进行任何形式的授权。在全国紧急状态存在的前提下，它还取消了总统向国会报告的必要性。

此外，美国宪法规定，联邦政府的三个主要部门（行政、立法和司法）必须保持平等和独立，单独的部门不需要向其他部门协调。按照51号政令，行政部门在总统的协调下，有效地发挥了领导的作用。

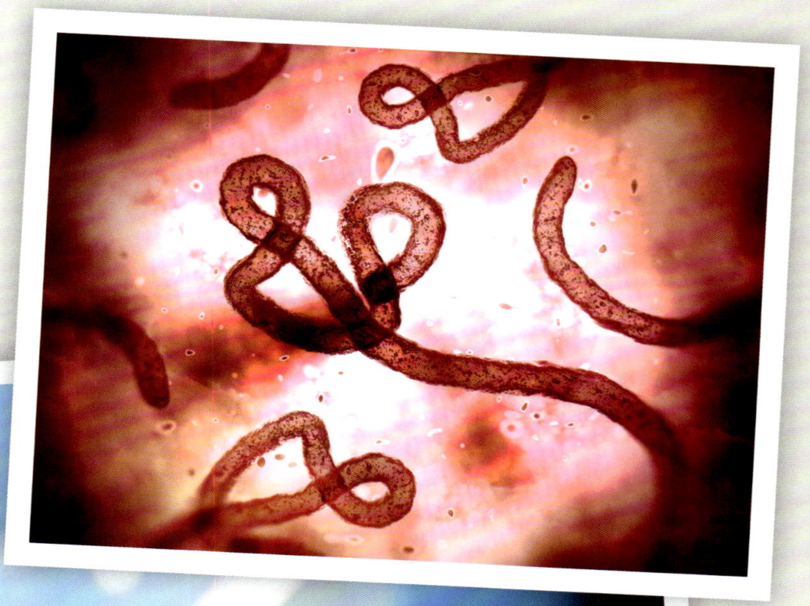

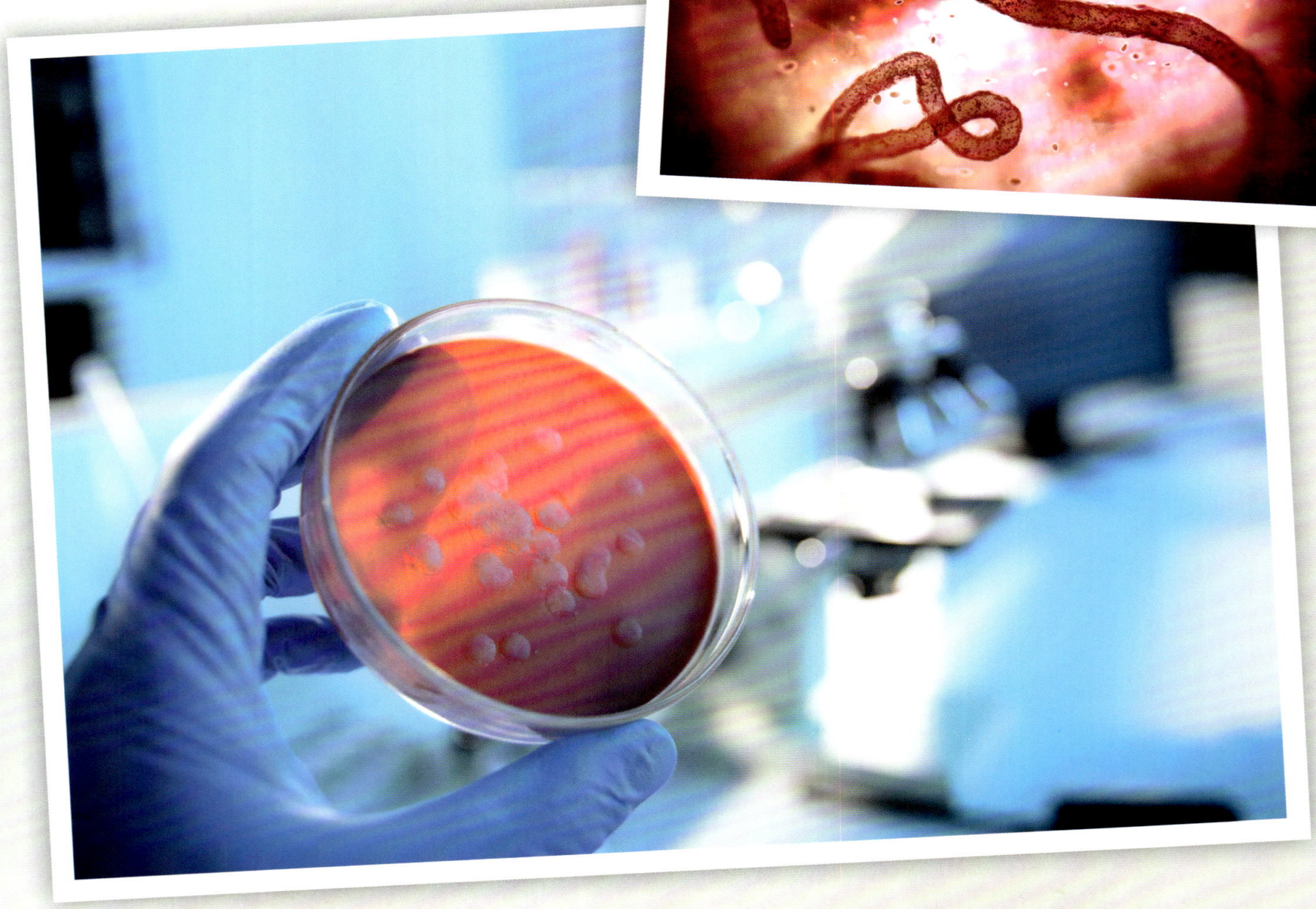

2014 年埃博拉

2014 年末，埃博拉病毒在得克萨斯州的达拉斯暴发，造成严重恐慌。旅行证件上的错误描述、误诊和其他的误解导致两人死亡，并引发了一系列的法律诉讼。这令人窒息的新闻报道，不仅在达拉斯引起波澜，更在全国范围内激起了恐慌。这一事件高度突显了这样的事实：尽管自 2002 年以来，美国政府在生物恐怖主义的预防中投入了 60 亿美元，但他们仍然对小规模的病毒暴发感到棘手……而且也明显没有准备好应对大规模蔓延的局面。媒体的报道明确显示：从消息灵通的公众到集体性的歇斯底里，这之间的分界线是多么的薄弱与不稳定。

为了响应达拉斯事件，行政部门动用了绝密的“黑色预算”（预计每年 800 亿美元），重新分配了大量资金，以提高国土战略局的作战准备能力。结果加强了战略局的秘密招募和训练活动。

SHD

EXTREMIS MALIS EXTREMA REMEDIA

任务

国土战略局的任务是不计一切代价保护公众，确保美利坚合众国在面对灾难性紧急情况时持续运作。作为总统权力的延伸，我们会协助联邦和各州的行动者，为面对任何危机的国家提供统一的愿景，引导他们做出最符合人民利益的决定。无论何时，无论何地，我们都要时刻准备着行动。我们要对抗与日俱增的危害国家和人民安全的威胁；夺回国家的控制权；尽一切可能拯救所有还存在的事物。

官方任务通告

国土战略局

注：“暗冬行动”总结报告的结论指出：一旦真的发生生物武器袭击，会引起相关部门崩溃，造成社会混乱，迅速破坏基础服务并造成大量的平民伤亡。如今的事实证明，这个结论很准确。

战略局的首要任务是对2001年的“暗冬行动”行动的问题进行事后剖析，针对模拟的传染事件，常规的、标准的响应是远远不够的。官方的总结文件中提出了若干关键点，其中四点与战略局的任务直接相关。

“政治领导层对生物恐怖袭击并不熟悉，不能筛选可靠的政策，也不了解它们的影响。”

“联邦政府、州政府、地方政府对于优先事项不够明确，存在分歧和矛盾；官方机构举棋不定；可能出现宪法或其他法律上的问题。”

“为了能终止生物恐怖袭击后的疫情爆发，决策者需要持续的专家建议和丰富的现场情报。”

“美国公民的个体行为对于终止传染也很重要，领导者必须获取他们的信任，并一起合作。”

就近原则：当地问题，当地解决

“就地解决”概念是战略局任务的基础，也是留守行动的核心。比如：哥伦比亚特区国民兵（DCNG）是哥伦比亚特区的第一个军事救援机构，负责协调和动用所有国民兵的资产，并与其他支援特区的武装部队合作。

但是战略局的特工潜伏在他们的社区中，这些特工来自各行各业，有各种各样的技能，他们拥有固定工作，享有当地的服务，和当地人培养人际关系，并尽可能地参加当地的活动。他们在当地购物，吃饭，熟知当地的交通网络。

需要采取行动的时候，熟知当地习俗、制度、基础设施和地理环境是非常难得的。战略局特工们一经起用，就能在他们熟悉的社区中迅速而自信地行动。

结 构

在美国联邦政府的组织结构图上，国土战略局被正式列为国土安全部的一部分，然而战略局直接且仅需要向美国总统报告。只有当 51 号政令启用时，战略局才能展开实际的外勤行动。

行动中心

战略局由一个理事会指挥，而内部构成是分散的。这种做法基于一个假设，即重大灾难或袭击足以使单一的中心设施失去作用。为了避免这种斩首式的袭击，战略局采用了“三强鼎立法则”：该机构的总部设立在三个完全相同又独立运作的掩体中，这些掩体被称作“中心”，分别位于得克萨斯州、堪萨斯州和南达科他州，它们故意显得多余，分布在美国的中心地带，以更好地确保灾难发生时的生存能力。

每个“中心”在和平时期负责处理日常的管理和行政事务，但在 51 号政令激活后会立即转换职能，来协调整个战略局网络的智能化和有序化。每个“中心”都由理事会的一名成员管理。

部　门

战略局有三个独立的部门：研发部门、支援部门和行动部门。

研发部门

战略局的研发部门面向所有外勤员工，为他们提供和支援高科技方案。他们负责SHD专利技术的开发——内部称之为“影子技术”，研发小组同时还负责维护战略局仓库中的武器、外勤装备、定制战术行动装备。为了保持其隐蔽状态——避免政治性的监督介入，战略局研发部门以一个虚拟公司组成的财团作为外壳来运作，这个部分总是保持着活跃状态。

支援部门

战略局的支援团队会处理与组织管理相关的日常事务，如通信、财务和人力资源等。当然支援部门也有关键的任务职能，如情报分析和后方规划。基本的办公室管理能力始终活跃，而对任务的支援能力仅在调用51号政令后才会启用。

行动部门

行动部门负责协助经过高度训练的被称作“特工”的潜伏人员，进行人员部署和外勤工作。战略局特工遍布美国各地的平民社区。除了绝密的秘密训练演习外，特工们在51号政令执行和美国总统起用他们之前不会进行实际的外勤行动。

行动部门分为三组：内务组、战略组和战术组（之后会详细介绍）。

启用

当总统调用 51 号政令，并启用战略局时，第一批潜伏中的特工开始现身。这支阿尔法小队在指定位置集合，准备进入重灾区。

战略局特工一经起用和部署，就获得比战场上所有其他战术小队更高的等级。这种权力移交的方式可以让战略局的小队减少复杂程序，根据需求绕过政策、法律、法规、管辖区域的限制。当地的资产，无论民用或军用，只要满足特工们的需要，他们都可以自由使用。

战略局特工一起用，其首要任务目标如下：

- 恢复城市秩序，阻止社会崩溃。
- 加快恢复电力、水、通信、医疗等基本设施。
- 严控各类暴动、叛乱和非法行为的发生。
- 为当地警察和军事小队提供战术指导和支援。
- 为核心决策者提供现场情报。
- 营救、保护或安全护送高优先级人士。
- 收集、保护和分发重要补给：食物、水、燃料、医疗用品、军用物资。
- 开展强有力的反恐行动。
- 对暴民采取强制措施。
- 对身份不明者、反对寻求解决方案者的暴力行为严控。
- 尊重公众，保证行动的人道主义底线。

有关特工职责和任务的更多信息，请参见第二章：战略局特工。

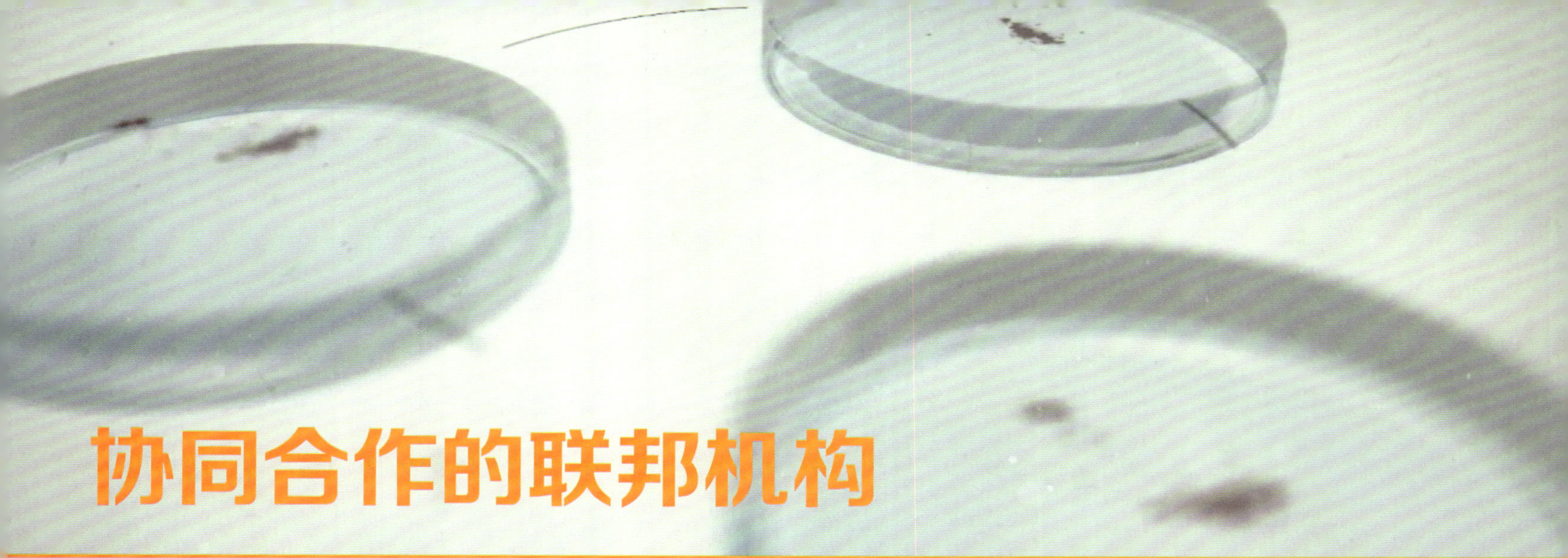

协同合作的联邦机构

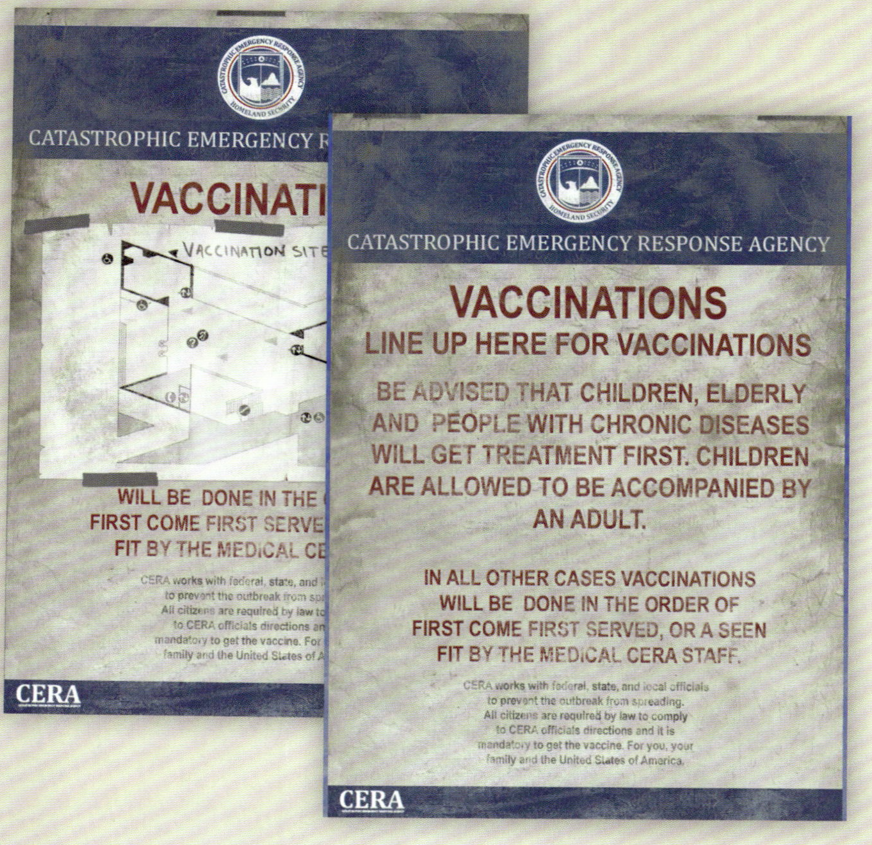

▼
图示为疫苗接种防疫站的地图以及现场的注意事项。

疾病管制局

联邦疾病管制局（DCD）通过发现和治疗新出现的疾病威胁，来保护整个国家的健康安全。第一，联邦疾病管制局的科学家们作为“疾病侦探”，寻找疫情爆发的根源。第二，联邦疾病管制局的所有医务人员会直接部署到已确认的感染区域，阻止疫情的进一步扩散。第三，联邦疾病管制局实验室研究小组会对感染因子进行评估，并探索治疗方案和研发疫苗。

联邦疾病管制局扮演上述的三种角色，成为国家抵御生物恐怖主义袭击的第一道防线。例如，在2001年，联邦疾病管制局的一个外勤小组对华盛顿特区的炭疽袭击事件做出了迅速果断的反应。今天，该机构通过利用高级计算加强了实验室的工作，并运用大数据分析迅速寻找解决方案，从而应对像“绿钞毒”这样对全球造成疾病威胁的天花病毒。

灾难紧急应变署

灾难紧急应变署（CERA）由美国联邦政府成立，负责应对大规模的自然和人为灾害，如飓风及其他毁灭性天气事件、地震、森林火灾，或大面积的传染病。作为美国国土安全部的一个分支，灾难紧急应变署的首要任务是协助应对任何超出地方政府或州政府资源承受能力的灾难。

在大范围传染的情况下，灾难紧急应变署会直接在重点传染区域部署，为受感染者建立隔离和医疗设施、补给分发中心和安全隔离营，以保护更多的人。

联合特遣部队

“绿钞毒”袭击过后，纽约市曼哈顿区内斗和混乱不断升级，军队、执法部门、其他首批响应部队都普遍出现逃兵，令人震惊的街头暴力，以及对亲人的关心，促使无数逃兵撤离城市。

迫于这种形势，所有剩余的安全部队（国民兵、纽约市警察局和灾难紧急应变署）联合确立了一个指挥中心，自称为联合特遣部队（JTF）。罗伊·贝尼特斯队长是纽约市警察局一名资深的缉毒警官，也是2001年9·11袭击事件首批响应部队的成员之一。在他的领导下，联合特遣队缓慢拉开了纽约无政府主义的序幕。他们的任务是逐步夺回每一个社区，战略局将为他们提供战略指导和战术支持。

第二章
战略局特工

国土战略局的特工们是完全自主的外勤行动者，他们的训练是为了在灾难性事件、体制崩溃和社会体系破灭的情况下，恢复社区的秩序。战略局特工潜伏在社会中，他们被起用之前，都过着普通人的生活。战略局并不是传统意义上的精锐军队，而是文职性质的机构，其成员不会像军队一样接受训练或部署。他们是为特定任务而训练的精锐部队，其任务规格与战略局比起来大相径庭。战略局的独特之处在于，它与 51 号政令相关，它具有既联通又自主的网络构架。作为一个整体，战略局是特殊的，但对每一个特工来说却并非如此。

要　求

一个顶级的战略局特工，必须忠诚、全能、可靠和健康。他们需要有强大的免疫系统，并具备独立思考的能力和进行艰难抉择的精神毅力。

他们务实、利落，有解决问题的能力，有天生的好奇心和超强的执行力。

每个战略局特工都应当有“一线工作者”自我牺牲的觉悟，能将社区利益置于自身之上。为此，每个候选人通常都有服务社区、保护社区的职业背景，他们以前可能是：医疗人员、军人、执法者；安全、救援和情报工作者，抑或上述种种工作的结合。但是除了偏向服务性人群，国土战略局也会招揽从事各行各业的特工。

战略局的外勤特工任务种类丰富，包括文职和军事任务。他们必须是有创造力的，多面化的，独立的，并有能力应对非常规的行动。作为自主的行动者，他们可以自由决定自己任务的优先级、行动步骤和透明度。特工们只受到其服务誓言的约束，只受战略局行动部门内务组的监管。

招　募

美国情报局收集了大量公民的隐私数据，战略局被赋予优先访问这些数据的权限。通过访问这些数据，战略局的招募者可以发掘很多背景合适，有潜力成为特工的人。这些候选人来自社会的各个层面，并不受限于特定的能力或专业。

一旦有候选人被选中，就会开始高度机密的审查，内务组会对其背景进行核查，全面调查此人的财务资料、医疗资料、工作经历以及在线追踪信息，对候选人及其社交网大面积的积极监控。如果目标人员的信息通过了这个细致的预审阶段，最终会有一位经验丰富的战略局特工联系目标，安排初次的面试。

这个时候，候选人必须展现出对为国效力的强烈兴趣，并愿意接受绝对的保密机制——换句话说就是，所有人，甚至是候选人的配偶或家人，都不能知道战略局的存在。然后便是一轮严格的后续评估（更多评估的细节，参见下一节内容：“预测试”），只有预测试成功完成后，候选人才能最终被官方认定为“新人”。

预测试

一旦找到合格且志愿成为特工的候选人，战略局的招募者就会开始下一阶段——预测试。战略局的心理学家会进行集中的个人谈话，进行认知和心理方面的评估，并密切监控 VR 任务模拟器中候选人的表现，评估他们对 51 号政令下的各种情境的反应。根据预测试的结果，招募者会为每个有潜力成为特工的应试者做出一

份全面的候选人评估报告。在这份报告中，招募者会通过以下划分的基础指标进行评分，以此衡量应试者的核心能力是否达标：

- 忠诚度
- 心理承受能力
- 判断力和决策力
- 外勤领导力
- 适应能力
- 解决问题和随机应变的能力
- 专业技能和能力
- 身体最佳状态的保证
- 健康的免疫系统
- 原始的生存本能

心理能力甚至比身体力量更重要，毕竟归根结底，生存和应对危机就是一场心理游戏。虽然不是所有候选人都有实际作战的经验，但每个特工都必须表现出能经受训练的潜质，并对可能出现的最坏情况有所准备。

训　练

通过预测试的新人将接受全面的体能和技术准备训练。要让新的战略局特工达到随时出任务的状态，是一件很难的事情。然而，该机构需要保证训练过程是保密的，绝不能让受训者被人怀疑或者威胁，甚至被迫暴露他们的组织。因此大多数的训练活动都被融入日常生活中，巧妙地伪装成了普通的市民活动。

训练的掩饰

例如：在社区的武馆进行徒手致命格斗授业时，可能会标榜为“黑带课程”。健身计划可能是高强度的“黄金级锻炼”，在当地的交叉训练健身房中进行，并配有特别教练（即战略局的培训师）。特工可以在普通的靶场注册高级枪械课程，或者在当地社区大学注册以“继续教育”为名义的技术课程——同样的，这些课程也是由战略局的专家教授，只有其他新人和现役特工可以参加。战略局与每一位特工一起协作，为这些活动制造有效可信的、用于掩饰的故事。

初始阶段

为了进一步保护战略局的秘密状态，新特工们被纳入战略局的过程是非常缓慢的。在前六个月的训练中，每位新人每周都要被重新评估，包括他们的精神强度和心理适应能力。大多数新人接受了顶级特工近一年的培训，才能真正了解到战略局的目标和任务。

持续训练

成功的受训者最终会得到顶级的安全许可，并被内务组认证为现役特工。然而，在特工为战略局服务的整个期限里，依然要进行全年的持续培训。在和平时期，所有的特工都通过定期的实践和锻炼，保持和提高他们的基本技能——生存、搏斗、CBRN 环境的知识、情报收集等。这背后的原则，是为了让现役成员能把非工作的时间用于训练和准备。

因此，战略局的支援部门每年都会与民间教练签订合约，让他们提供专业训练，并进行各种范围的高级团队训练。此外，潜伏的特工们所在的当地小团体，都会鼓励他们根据需求协调和执行定期的、自主的锻炼和训练。

嵌入

安全级别

战略局特工的身份是国家的最高机密，特工身份和训练协议只有行政部门和五角大楼的最高级成员知晓。事实上，所有关于战略局人员、规模、行动的事项都是绝密的，包括高级政府官员在内的所有外部人士都无权知道。

最初的训练完成之后，新的战略局行动者只需要继续他们的日常生活，扮演社会的普通人。冷战时期 CIA 制订的“留守”计划修订之后，特工们被激活时执行任务的地方，就是他们原本生活的地方，这样就不需要再对特工们进行集中动员和重新部署。

战略局特工是直接从他们要保护的社会中筛选出来，然后再嵌入其中，所以他们分布在全国各地。在被激活之前，特工们从事各种各样普通的市民工作——警察、护理人员、软件工程师、律师、教师、企业经理——这些工作能让他们充分了解当地的状况，并在危难时做出有效的战术决策。他们可能是你的邻居，你办公室里的同事，你的医生，或者你的瑜伽教练。

这样“嵌入”的方式是极具挑战性的，尤其是对那些有着亲密家人和朋友的特工。当然，战略局的存在和特工的身份必须无条件保密，即便对最爱之人也必须如此。同时，战略局对持续训练和个人发展的高要求使得这种方式更加棘手。

特工档案　刘菲

履历资料			
战略局ID	不详		
年龄	32	**性别**	女
民族	亚裔美国人		
职业	分析师		
住址	纽约州纽约市曼哈顿中城区		
教育/培训经历	经济学学士、纽约市立大学； 战略研究科硕士；海军军事学院		
宗教背景	基督教（非正式）		
部门职称	东北区行动指挥官		

工作经历

刘菲就读于市立大学时，参加了后备军官训练队（ROTC）。以这段服役生涯为跳板，她在军事情报部门得到了一系列的安排，最终在国家安全局（NSA）任职，作为国家情报局总监的后援团成员。不久后，总统签署了51号政令，在一名高级外勤军官直接向战略局东北区指挥官张立群申请后，刘菲横向进入了新成立的国土战略局。

在“绿钞毒”生物武器扩散，第一批战略局探员失踪后，沃勒总统激活了纽约市第二批探员，命令指挥官张立群亲自带领小队潜入和行动。特工刘被任命为张的副手和高级外勤军官。结果他们的飞机被摧毁，指挥官张被杀害，而刘受了重伤。

特工刘因伤不能参与外勤工作，她目前在位于宾夕法尼亚广场的纽约邮政总局内部的纽约市行动基地，担任该区域的战略局行动指挥官。她是纽约市所有活跃的战略局特工们的主要联系人和“管理者”。

个人记录

特工刘菲十七岁的时候，她的父母双双死于车祸，她承担起抚养妹妹刘秀兰的责任。内务组员工记录显示，这段童年阴影触发了亲密关系中的依恋问题，这些反过来影响到她的行为特质，她会牺牲自己的人际关系，以此增强她的领导能力。

特别报告

叛变特工：一场局中局？

2007 年，51 号政令的后续绝密附件宣告了国土战略局的成立，行政部门内部对此产生了一些合法质疑：

无论特工的忠诚度如何，他们个个都训练有素，并且熟知 COG 协议（政府延续性计划）的内容，在这种情况下授予他们如此多的外勤权限和火力资源是否明智？

在灾难性事件的混乱局面下，尤其是事件已经严重威胁联邦政府存在的局面下，我们真正需要的是这样一支致命武力部队吗？并且他们还有着开放的交战规则和独立运作的条件……

如果已经世界大乱，战略局不透明的指挥链会变质吗？

历史告诉我们，这些担忧是有充分依据的。

去年纽约市受到"绿钞毒"生物武器袭击时，沃勒总统激活了第一批特工。特工小队迅速在曼哈顿残酷如地狱般的"暗区"部署，一些战略局最优秀的特工潜入进去，建立了一个前哨站，在四处肆虐的可怕混乱中，他们为中城区街道重新带来秩序。

从各方面来看，第一批特工的全部意图就是为了执行任务，他们的部署支援了遭受严重损失的联合特遣部队。然而，当联合特遣队毫无预警地从"暗区"撤退时，被抛弃的战略局小队受困——某些情况下甚至落入陷阱。作为回应，由特工亚伦·基纳领导的小部分人感觉到自己被背叛，他们公开质疑他们的任务。实际上，特工亚伦决定了他们的新纲领——生存，权力，绝对的统治，甚至是对弱者的无情淘汰，这些成为他们在"暗区"行动的指导和引领。

基纳的叛逃团伙与城市里某些作风极端的帮派组成了联盟，他们信奉新达尔文主义。这导致他们与第一批特工中不愿叛逃的同伴为敌，第二批进入"暗区"的特工也同样是他们的敌人。

由此可见，战略局内部出现了裂痕，并非所有的战略局工作者都致力于确保"政府延续性"的使命，有些人似乎已经背离了他们的初心。

特工档案　亚伦·基纳

	**履历资料**			
	战略局ID	6675012398		
	年龄	34	**性别**	男
	民族	高加索人		
	职业	期货交易员		
住址	新泽西州瑞吉伍德市			
教育/培训经历	堡垒军事学院			
宗教背景	浸礼会			
部门职称	东北区第一批次特工			

工作经历

当第一批特工被激活时，特工基纳发现自己处于混乱的中城区，这里是被称作“暗区”的死亡深渊。在街头暴力肆虐之际，基纳和他的特工伙伴们遵循任务规定，决心维持隔离秩序，但联合特遣队却为了减少损失而决定撤离。

据战略局的情报显示，特工基纳认为自己被领导层背叛，并认定这场瘟疫会创造新的现实——不仅仅会影响“暗区”、纽约，甚至是美国的情况，它还将影响整个人类物种的历史。由于现在没有疫苗和治疗手段，随着疫情蔓延，全球百分之九十的人口会很快死亡。

因此，基纳提出了一个更大的目标，他认为如果战略局的特工们团结一致，加上他们本身拥有的训练有素的身体，无可比拟的战术，顶尖一流的装备，他们将形成一种不可阻挡的力量，他们将会是夺取新世界控制权最完美最合适的力量。而在新世界中，忠诚与从属关系将会被重新定义，旧的民主与法制体系将不再适用。

现状

为了达到目的，基纳开始招募愿意追随他的特工，并清除那些不愿追随的特工。不久他组建了一支小规模的致命队伍，这支队伍否决了战略局的任务，承诺忠于基纳和他的后末世愿景。这些叛变特工和他们的领袖想法一致，他们将饱受天花病毒摧残的曼哈顿视作黑暗的乌托邦，认为只有强大和无情的人才能生存。

YORK
HAPPY HOLIDAYS
SHD

第三章

特工激活和部署

国土战略局官方的“行动命令”分为两个阶段：激活和部署。一旦特工被激活并被实地部署，他们便直接听命于美国总统（由 51 号政令授权），他们的级别在所有其他联邦政府的工作和州政府行为者之上。

他们的首要任务是观察危机产生的影响；将观察结果传达给联邦指挥机构的主要决策者；保护文明社会的残存，包括社会机构和基础物质设施；通过不断增加威胁战斗来减少额外的损失。

激活国土战略的开关是什么？

根据 51 号政令，在灾难性紧急事件下，美国总统可以下令激活国土战略局。正如在第一章提到的，51 号政令对这种紧急情况的官方定义为："无论地点何处，只要事件造成了人员伤亡、财产损失、服务中断，严重影响美国人口、基础设施、生态环境、经济状况或政府职能，就属于灾难性紧急状况。"

而灾难紧急应变署（CERA）对灾难性紧急事件的定义如下："从长远来看具有复杂和深远影响的大规模事件，社会基础设施遭到了破坏和毁灭。"该机构为了描绘这种事件的特性还列举了它的具体影响，如下：

- 多数或所有社区机构受到影响，包括应急响应设施。
- 由于缺少人员和设施，当地的应急响应系统被迫妥协或宣告失败。
- 邻近地区均受到影响，无法援助该地区。
- 日常的社区职能完全中断。
- 当地的基础设施遭到破坏，已经到了国家政府必须接手的程度，如果政府仍然健全并有能力这么做的话。

大多数符合灾难性事件定义的情景都是简单明了的：

- 核袭击
- 外敌入侵
- 大规模恐怖事件——如发生在 Alpha 级城市的生物武器或放射性武器袭击
- 自然灾害
- 传染病
- 发生政变，国家政权遭到推翻或夺权

这些类型涵盖了大多数被认为是“灾难性质”的典型事件：大地震或大飓风；海盆地海啸（12 级强度中，达到 9 级或 9 级以上即具有“破坏性”）；核战争；致命流行病；“脏弹”爆炸；全面的外敌入侵；触发权威机构大范围瓦解的军事政变。

对于黑色星期五的“绿钞毒”袭击事件，它标志着两种灾难性场景的结合：从一场恐怖袭击（A 类生物武器），扩大为一场大范围肆虐的天花疫情。

战略局特工是如何激活的？

注：在面对当地人和联邦的外勤人员时，战略局特工的橙光智能手表通常作为非正式的等级证明使用。

激活以两种方式展开：一种是渐进式的激活，随着危机的加剧，相对的激活也会随着时间推移逐步增加；另一种则是同步的武装召唤，一次性调用所有可用的行动资源。

激活信号

凡是成功完成外勤训练并处于在职状态的战略局新兵特工，都会配发 SHD 智能手表。可穿戴设备包含一台触屏式个人数字助理（PDA），特工的背包上有一个与强力收发器相连的通信中继器。战略局基于人造卫星建立了全球加密网络，这身数据装备将特工与此网络相连。

当灾难来袭时，战略局通过网络通信集结内部力量。全球的矩阵 SHD 网络保证能在任何地方随时访问所有智能手表装置。不管特工的位置在哪儿，都能收到以紧急编码形式传来的激活指令，他们的手表会发出橙光并保持这一状态，直到特工被杀死或停用。

激活协议

特工被激活后，可立刻访问高科技设备和先进武器的位置，它们被安全地藏在当地的隐秘场所。当激活信号发出，特工必须放下手头的任何个人工作，立刻前往最近的战略局兵工厂获取装备。

装备齐全后，战略局特工们会前往预先确定好的集合地点或激活命令中指定的战术位置。在任何情况下，特工都佩戴特殊的扫描式隐形眼镜，而智能手表会通过眼镜所搭载的平视显示器（HUD）的增强现实（AR）功能在视野中做标记，引导特工到达目标位置。

战略局部署方针：

激活、网络、安保、观察和探索、介入、重建

激活 要激活多少战略局特工取决于灾难的性质和当前形势。在激活时，特工可能收到更进一步的指令。但大多数情况下，需要他们先评估状况，再按照A.N.S.W.E.R.协议行动，或是先发制人和自主行动。

网络 确保SHD网络的安全，是战略局在激活后的首要任务也是最重要的任务。网络的生命线保证了战略局所有的层级人员能在长期行动中共享关键信息。战略局的技术员在搭建网络功能并生成原始的现场情报时，SHD的策略分析小组负责处理它，并向政府要员提供每日简报，从大城市市长、州长直到总统和内阁人员。所有官方在任要员和抉择者都依赖于战略局的网络，它让所有行动反应基于真实共享的图像信息上，如同现场直播报道那样。

安保 当SHD网络开始运作，情报开始传递时，已部署的战略局小队通常采取自卫状态，以保证当前所在地区的安全，并建立一个稳定安全的行动基地。一旦基地部署完成，战略局就能更方便地阻止正在进行的敌对活动，并保卫当地残存的关键资源。

这些关键资源包括保护重要的基础设施（桥梁、公路、隧道、供水、电网）、疏散遇险官员和平民以及清理危险区域。当然，51号政令授予特工的自由和权力，意味着他们可以不受阻碍地行动，而且他们的级别高于现场的所有其他官员。

观察和探索 在确保了当地民众、领导层和公共基础设施的安全之后，战略局特工就可以对当地进行更深入的调查。按照一般步骤，特工们要了解受灾的范围，观察社会崩溃的程度，并制订针对劫掠之徒或敌对组织的进攻行动计划。

介入 在其他执法实体被法律、管辖权事项或交战规则所阻碍的情况下，战略局特工有权直接解决问题。如果有必要的话，还可以带着极端的偏见行事。只要发现威胁国家或人民的行为，战略局便可以毫不犹豫地介入。

重建 当某个区域已经安全，重建工作就可以开始了。战略局负责协调情报、安保、顾问方面的工作，同时将繁重的工作交给其他部门和机构。

注：战略局特工到达指定地点后，首要目标是解决当地的灾难性危机，每一个外勤特工都有充分的自主权。特工们可以根据他们的训练和业务准则自由选择优先处理的紧急任务，但他们通常会按照战略局的部署方针灵活把握住主动权，这个方针缩写为A.N.S.W.E.R.，代表着如下的内容：

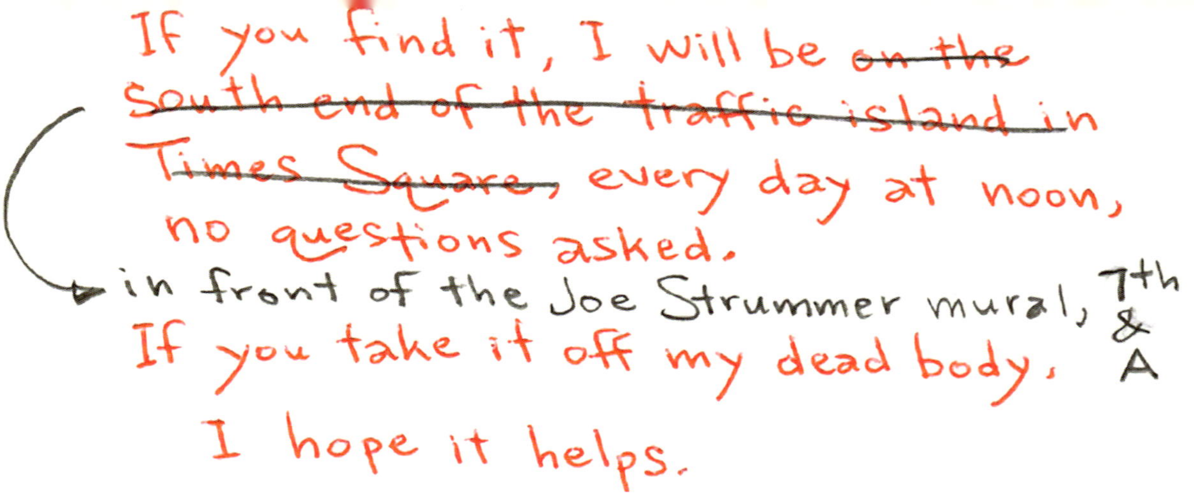

If you find it, I will be ~~on the south end of the traffic island in Times Square~~, every day at noon, no questions asked.
in front of the Joe Strummer mural, 7th & A
If you take it off my dead body, I hope it helps.

焦 点

纽约沦陷

▶
图示为阿普丽尔·凯莱赫写满标记和日记的《纽约沦陷》内页图。

尽管被激活的特工们接受了完整的训练，能在极端环境下生存，但大多数平民没有类似的资源。对纽约市的大部分人来说，在病毒持续扩散后，拥有一本生存指南等同于拥有巨大的财富。其中有本特别的《纽约沦陷》，很快就成为同类书籍中最有价值、读者最多的一本书。这本指南写满了专家的建议，帮助读者做好准备，让他们在纽约市疫情中生存。事实证明，作者沃伦·莫琼特精确预测了工程病毒可能带来的挑战，以至于让人怀疑，他的写作为何会如此具有预见性。

在《纽约沦陷》第十一章中，初次提出可能造成纽约这座城市沦陷的紧迫威胁，然后提供了基本的生存信息，如下：

- 应急包里要带的东西
- 现场急救
- 从哪里获取和生产食物
- 如何净水

据报道，《纽约沦陷》已经成为令人垂涎的黑市商品。在曼哈顿中城区的隔离区，也就是声名狼藉的“暗区”，发现了该书附有大量注释的副本。它属于平民阿普丽尔·凯莱赫，在目睹丈夫比尔被杀害后，阿普丽尔开始亲自调查疫情爆发的原因，同时努力调查是谁对她丈夫下了暗杀令。阿普丽尔将她的生存指南变成了引人入胜、高度详细的“绿钞毒”灾情纪事，其中包含了能够了解到的一切。她通过添加大量手写笔记，将指南的说明与自身经历结合，分享了与书中内容相关联的具体事情。她在书里写日记，讲述了个人想法，记录了对丈夫去世的疑惑，并且努力了解纽约市沦陷的起因和经过。渐渐地，阿普丽尔设法破译了作者藏在书中内容的重要加密信息，这些线索指引她进入了“暗区”，去见沃伦·莫琼特，希望能找到困扰她的问题的答案。阿普丽尔最近一次被看到时，正要离开曼哈顿，传言说她在调查治愈“绿钞毒”的线索。

Dear Diary: It's December 3rd and you're not a diary and I'm stuck in Manhattan with a dead husband and no phone and suddenly I'm feeling lucky that I have good shoes and a pen and a friend I can crash with tonight. I think. If I can find her. This is really bad, Diary. Getting worse. Talking about it doesn't help, but maybe writing about it will. Bill is dead. Not from the bug — someone killed him. For his work, I'm sure. I'm going to find out why. — Merch knows why.

TABLE OF CONTENTS

I asked to talk to a detective and after waiting on hold forever, I got one. Nina Di Giovanni. I explained to her that investigators had loaded the dead man from the car into a coroner's van, and two uniformed officers had been there taping off the crime scene. I watched the whole thing, I ... make a report? She said they didn't have any report of a homicide or that location. I hung up. I stood there on the street staring for a s... decided to go home, but there were signs all over the subway entrance

command post over by Janet's. people coming in. CERA is setting up a mobile deployed to help CERA and the rest of the government What are they going to do? They're all already ... I tried that.

Last thought for 12/18: Also I'm still thinking about the message Bill left for me. I wish there was someone I could tell, but no. In fact I think I might have to burn the drawing. Just to be sure. Am I getting paranoid? Or is this what it feels like to find out about a real conspiracy?

OTHER RESOURCES

Here's a thought experiment:

Consider the average block of a commercial street. We'll list some of the most common businesses you might find on an average New York block and the useful things you might find in those businesses. You might be surprised at how effectively you can scavenge, even in a period of resource scarcity.

Interesting note: At first (until maybe T+7), there was duct tape everywhere. Now it's very hard to find. I had a lot @ Eva's, have very little now. Drew + Miko have a stash, though. It's still really easy to find dental floss. Tampons getting scarce.

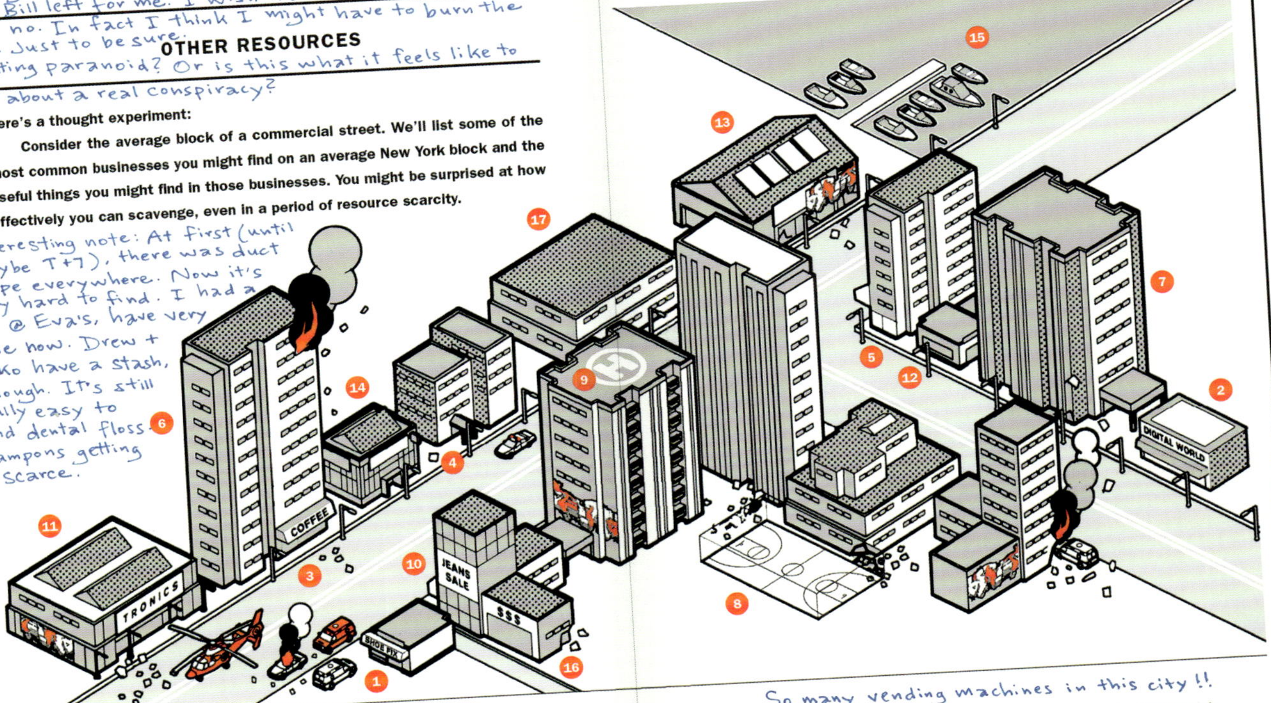

So many vending machines in this city!!

1 **Shoe repair:** Heavy needle and thread, adhesives, shoelaces

2 **Computer repair:** Small tools, batteries, wire

3 **Coffee shop:** Plastic tubing

4 **Bar:** Soda syrup bags, CO_2 canisters, matches, lighters, bleach

5 **Restaurant:** Knives, bleach, plastic tubing, food staples (rice, flour)

6 **Law/real estate/accountant office:** Scissors, vending-machine and break-room food, personal items in desks

7 **Government building:** Vending-machine and break-room food, emergency and first-aid supplies, tools, maintenance supplies

8 **School:** Cleaning supplies, first-aid kits, children's clothing in lost and found

Never thought I'd say this, but thank God I don't have children

9 **Medical clinic:** First-aid supplies, blankets, antibiotics, rubbing alcohol YES

10 **Clothing store:** Outerwear, clean clothing, Velcro strips

11 **Electronics store:** Wiring, small tools, hand-crank radio, hand-crank flashlight

Or you can get a hand-cranked radio from your dead friend

12 **Laundromat:** Detergent, bleach, vending-machine food

13 **Toy store:** Compass, binoculars THIS WORKED!

14 **Gym:** Towels, cleaning supplies, snack foods, energy drinks (also, swimming pools contain chlorinated but drinkable water)

15 **Marina (and boats):** First-aid kits, fishing equipment, tools, all-weather gear

16 **Pawn shop:** Everything

17 **Storage facility:** Everything

Haven't been able to get close to a marina. Pawn shops are weird. People tend to burn them after they go through, like they have a personal grudge.

No storage facilities anywhere I've been able to get to.

第四章

外勤行动

国土战略局在实地的组织原则是灵活和模块化的，特工外勤战术基于“自主行动”的核心原则——即每个战略局特工都接受过独立自主的训练，能在支援较少或者没有直接支援的糟糕状况下行动。当然，特工们也接受了大量的小团体战术训练，经常以小队形式被部署，一个特工们协作的团队即是一个“小组”。

小　组

在进行协作任务时，特工们最多四个成员组队部署，通常使用无人机进行支援。组员们彼此很了解。他们经常在一起训练，甚至在平民生活中进行社交活动，他们熟悉彼此的战术和个人倾向。

一如既往，任何小组的潜在力量都在其生活和行动的地方。当灾难来袭时，小组成员可以立刻就位。此外，他们还熟悉当地的公共设施网络，了解当地地形，并能很好地处理人群、地点和其他潜在问题。

然而，小组通常对其他特工和其他小组的行动区域了解有限，即便是附近的区域。所以，维持如此严格的模块分组形式可能会适得其反。但这种做法保留了战术自主权，并有助于维持战略局的隐匿性，降低外部干扰的敏感程度。

团队角色

小组的自我组织和行动并没有预先确定的规则。有些小组选择互补式的分配角色，例如，由火力压制者和一名医学专家掩护先锋侦察人员，或由远程狙击手使用狙击步枪掩护使用霰弹枪的近距离射击专家。而其他小组具有更灵活的角色分配，每个成员都可以在不同的情形下调整他们的职能。

在一场不稳定或不可预测的危机中，每个小组的战术决策都由他们根据自己的专业技能、训练、性格和智力来决定。

city bus
3759
VIRUS
BUS LANE

智能系统分析计算机与网络

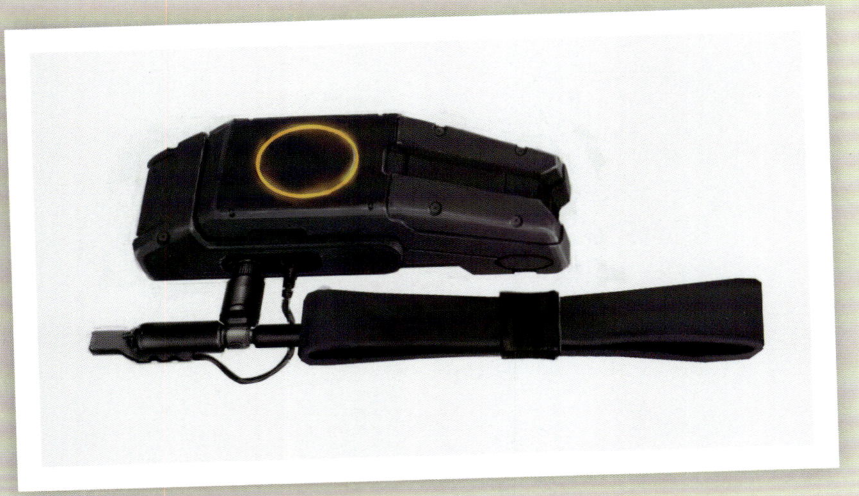

SHD 网络权限对于任何战略局特工而言都是工具箱中最重要的工具。每个外勤行动者都能通过其个人智能系统分析计算机（ISAC）与机构强大的分布式计算网络相连。系统输出通过一系列在地球静止轨道上专用的、加固的网络卫星来完成，向全球各线路输送。因此，很少会出现网络中断的情况。

这些复杂的网络系统自动跟踪和记录每一个战略局特工的任务进展，记录他们的每一场遭遇，并生成现场数据创建共享图像，然后各级 COG 计划的决策机构会进行明智的分析。

敌我识别

在现场遭遇战中，及时地为战略局特工鉴别其他小队的身份，是 SHD 网络最重要的战术功能之一。ISAC 通过智能手表连接特工的扫描式隐形眼镜，从网络数据库中提取数据，构建了一个几乎完美的，以颜色编码来分辨的敌我识别系统（FoF）。该系统直接在特工的 HUD 界面上显示各小队的从属关系和当前状态。在遇到罕见情况，如网络信号薄弱，敌我识别系统无法工作的时候，特工会被提醒要极度谨慎地进行任务。

交战规则

根据国土战略局的指示，详细阐明其隶属小队在某些情形和条件下，可以强制不服从和抵抗的目标对象屈服，阻止其破坏稳定队员的行为，或在战斗中直接与敌对组织部队开战。战略局设置了很多这样的指示，并有意不加限制。

战略局特工不受任何当地武力的管制及政策的约束。地方、州，甚至是联邦法律和当局机构，也不能根据任何法律规定追究特工的责任。当然，51 号政令的联系性附件中的法律标准除外。换句话说，除了其他的战略局特工以外，任何人都无权阻止或干涉他们的外勤行动。

虽然特工们可以强制支援，联合响应部队共同努力，解决执法机构和军事实体之间的矛盾和管辖权争端，并要求自由通行，但他们却不能篡夺整个机构的职能或控制权。

行动基地

在军事术语中，“组织工作”意味着有组织的行动、固定的住所、人员补给和装备。51 号政令要求国土战略局的行动者“独立自主”，这意味着即使在没有基本后勤支援的情况下，特工也必须准备好执行外勤行动。

如果在指定的行动区域内，没有功能性的行政基础设施或安全区——包括可靠的水源、食物、躲避恶劣天气的庇护所、安全的补给仓库等基本生存物资，那么战略局的特工必须建立行动基地。

这个基地是一个有着安全边界的区域或场所，储存着补给和武器，如果武力条件允许的话，要建一个防御要塞。基地里可以有文职人员、技术和医疗人员，以便做出有效的响应。它还可以包含一个野外医院、直升机停机坪、机械车间或其他设施，在此基础上还可以扩大和升级，来满足当地的需要。

基本类型

总之，基地的组织状况可因其位置、形势和现有资源而异，某个站点可作为行动基地（BOO）使用，即一个有战略意义的、长期有人操作和维护良好的设施。它具有多种结构或多个节点，用于支援部署的部队，通常有强大的海上或空中通道，在“绿钞毒”危机中，曼哈顿中城区的纽约邮政总局就是个复合体设施的例子。

站点也可作为一个前哨作战基地（FOB），或一个应急的战术装置。虽然不太安全，但是可以对当地的重灾区做出更快的反应。通常前哨作战基地会有一个强化的入境管辖站（ECP），是一个混凝土屏障、带刺铁丝网、掩体、瞭望塔和其他武装保护类的基础设施组合。

安全屋

除了建设更大的基地以外，战略局外勤特工还积极在整个不安定区域内建立指定的安全屋网点。这不仅便于战略局的外勤行动，也为联合特遣部队的任务和灾难紧急应变署以及（在瘟疫类事件中）DCD的外联工作提供了支援。

注：这些安全屋通常是平民建造并提供给他们的。

战　术

战术是为了达到特定目标而采取的个人行动，与“战略”有所不同，“战略”指的是总体的计划和路线图。对这二者差异的普遍解释是，战略侧重于长期目标，而战术则是为了实现长期目标而采用的短期步骤。

例如，恐怖分子控制了加利福尼亚州的迪亚波罗峡谷核电站，并关闭了两个反应堆的核心冷却系统。这会破坏该地区的电网，并引发灾难性的熔毁事故，从而在整个南部区域释放致命的辐射线。

战略局特工小组的“战略”是渗透到工厂中，让核电站恢复在线运作。而“战术”是完成每个目标的具体行动——从侧面进攻袭击两名监视入口的敌方狙击手；通过天花板通风管道进入关押人质的杂物间；使用闪光弹分散挟持者的注意力，然后释放工厂的工程师队伍；护送队伍到主动力控制室；接触恐怖分子设置在控制台的诱杀装置；最后设置一个交火的歼敌区，在工程师们让反应堆冷却塔重新运行时阻止敌人的增援部队。

灵活的步调

战略局的战术执行方法是独一无二的，因为它的理论哲学观和训练方法论都没有提供这方面的标准步骤。根据团队的构成、技能、可用装备和目标的不同，每个小组的战术都有很大差异。主动性、灵活性和即兴发挥的能力是各个小组及其战术的唯一共同点。

也就是说，战略局的特工习惯专注于进攻、防守和支援这三种基本战术类型，但是在增长了各类基本技能后，大多数特工会开始专注于一个领域。一个小组形成之后，特工们的各种技能会融合为一体，形成一种独特的团队导向战术。在需要特工小组对灾难性事件做出反应时，这样的方法让战略局有了更强的恢复能力。

第五章

战略局装备

国土战略局的特工经过了精心筛选和高度训练，被赋予法定权力，外勤行动时基本不受当地其他机构的制约。但是，任何执法机构在灾难性破坏中尝试重建秩序时，都需要现代技术为其提供最佳的装备。战略局的人力规模也许有些小，但它拥有储藏定制火力的军械库、反弹道防弹衣和网络技术，这些在任何敌对区域都是重要的武力增幅器。一个装备齐全的战略局特工，是令人生畏且能单打独斗的成员，他们已经做好了战斗准备。

移动背包

预激活阶段，战略局特工们过着普通市民的生活，但是当51 号政令发来使命的召唤时，每个被激活的特工都只有两个小时的时间，用来让他/她去指定的聚落报到。这短时间内，不论是生理上还是心理上的准备工作都至关重要。为了在这通知的时刻来临时能非常迅速地行动，特工们会花好几个月做准备工作。

准备工作的第一个重要部分，勤加维护“移动背包”。每个特工都必须有战略局分发的，全副武装的背包，背包里有一个小规模的军火库，以及充足的基本物资，可以在战场上维持至少 72 小时的生存。背包里面有食品、水、医疗用品、弹药、防御装备、工具、防毒面具、聚酯太空毯和其他基本的任务装备。

在训练期间，战略局特工会根据自身的需求，发展个性化的专业知识，并据此相应地调整他们移动背包里的东西。特工们还要密切注意战场上的零散材料，这些材料可以帮助他们改造升级武器和装备。通常情况下，任何能帮助特工在紧急情况制造、修理或定制装备的东西（电线、胶带、电子部件、甚至是一些织布）都会放到包里。

特工在激活后，移动背包就如同特工的生命线，需要始终带在身边。包里的大部分装备都有多种用途，目的是扩大使用范围，设计上增强了灵活性，有利于自主行动。比如，用净水片、净化瓶或吸管来取得净水，而不是用储存的瓶装水。这让特工在消耗水资源时，不会加重自己的负重，也不用依赖后勤的补给。

战地医疗和“鸡尾酒”

在这样一个大瘟疫暴发的环境下，特工们随身携带医疗用品是极为重要的。所有国土战略局的特工在正式加入特工组织之前，都会接受一个完整疗程的疫苗接种，这一过程被称为“鸡尾酒”。疫苗接种的方案可能会有所不同，这取决于他们从前的疫苗接种经历。比如说，曾经服役于海外的军人，他们已经注射过大剂量的疫苗，就只需打一剂强化针。

国土战略局的战地部队可以优先使用最新的抗病毒药物。结合“鸡尾酒”提供的保护，这些前沿的战地药物能够让特工们对新型的传染病有着更强的抵抗性——即便是对像武器化的天花嵌合体这样不存在有效疫苗，也没有任何治愈方法的病毒，同样有一定效力。

分发物资

国土战略局鼓励每一位的特工都在他们的随身包中携带充足的水、食物、医疗包，以及其他的物资，以备救援需要帮助的市民。这种分配补给品的方式，已被证明是应对这类突发性灾难时，最能控制人口锐减的方法之一。

搜刮战场：保持随身包满载

在混乱的紧急环境中，每一位国土战略局特工都有其独立自主行事的能力——也就是说，他们能在不依赖援助和后勤支持的情况下直插要害。为了全力支持特工们的自主性，51 号政令的附加条款授予了他们取得任何地区任何物资的自由，没有任何限制，只要这些物资在当下不直接属于某个平民或某个友军单位。

这种获取物资的合法性凌驾于所有非法劫掠之上。所有保护私人财产的法律限制都不适用于国土战略局特工，因为这和司法权限无关。在得到特许后，所有国土战略局特工都接受了训练，以便能够从战场上找寻、识别，并将可用物资据为己有。这其中包括服装衣物。在疾疫肆虐的环境中，拥有一套干净整洁的服装对特工们来说有着极大的卫生价值——就像战场上的士兵们经常清洗袜子，以减轻各种各样的浸泡足综合征（比如战壕足）以及其他疾病。

武　器

每一位国土战略局特工都携带一系列武器，以在遭遇战斗时保护自身周全。通常有三种枪械：随身武器（手枪、左轮或短管霰弹枪），再加一把主要武器和一把次要武器（步枪、霰弹枪或冲锋枪）。特工所挑选的武器必须便携，强力，并能够适用于不同的突发状况。

有一点需要注意，全境封锁并不是一支“正规的”武装力量。全境封锁特工们不像他们在执法部门的工作人员和军人们那样，携带标准化的武器。他们的武器都是定制的，每个特工都根据自己的个人需求对武器进行了改装。团队作战时，国土战略局的战地分队常常会在内部调整军火库，以更好地配合团队行动。但除此之外，他们想怎样都行。

枪　械

国土战略局的军火库武器分为六大类：随身武器、突击步枪、霰弹枪、冲锋枪、轻机枪和射手步枪。

随身武器

随身武器就是放置在皮套中以便随时应战的手枪。它通常作为备用武器或者最后的攻击手段。随身武器在近距离十分精准（二十米以内），具有较强的可控性（后坐力），射击速率也很高，会对射击目标造成不同程度的伤害。

- 半自动手枪是国土战略局特工们最常用的随身武器。这些手枪的弹药装填都是自动完成的，单发子弹自动进入膛内，每次扣动扳机就射出一发。半自动手枪通常具有最佳的射程和稳定性，但它对目标造成的伤害是有限的。
- 左轮则是具备更大威力的连发手枪，它有一个圆筒状的滚动弹巢，每次扣动扳机便发射一枚子弹。左轮的射程较小，稳定性较差，但每发子弹的威力更强。
- 短管霰弹枪是经过改良、故意截断其总长度的后装式双管猎枪，枪管缩短，枪杆则改造为简易的手枪握把。虽然难于操控，但这类枪支在近距离是极为致命的。

注：有一小部分特工选择使用独特的93R手枪，这是国土战略局中唯一具备扣一下扳机发射三枚子弹特性的手枪。

突击步枪

突击步枪是一种中等射程、快速射击、弹药充沛的军用步枪。在第二次世界大战中初次登场，这种枪械迅速取代了旧式的手动栓式单发步枪，并成为世界各地步军士兵的标准武器。标准版本突击步枪的有效射击范围大约在三百米，通常使用装载在可拆卸式弹药盒的中间型威力弹药。

大部分国土战略局突击步枪都采用全自动模式，换句话说，只要在弹仓中有弹药的情况下扣下扳机，枪械便会持续发射弹药。某些型号的枪械，如城市 MDR 提供半自动模式（每次扣动扳机发射一枚子弹），而 SA-58 则可切换为连射模式（每次扣动扳机发射三枚子弹）。突击步枪能提供较好的防弹衣穿透力，尤其在击中敌方头部时能给予致命的打击。

霰弹枪

这类武器在近距离作战中威力极其强悍。霰弹枪会发射出能够爆出铅弹的炮弹（球形小弹丸），范围很大，可以同时打击数个目标。霰弹枪在残酷的近战和城市街巷战中尤为重要。作为防御性武器或支援武器也能胜任。多管道的短距离的防御性霰弹枪的暴击，要比手枪或步枪更易造成杀伤。

被霰弹枪的弹丸击中的敌人（或是被战术 SASG-12 K 霰弹枪的变种——战熊的重弹击中）往往会步履蹒跚、心生畏惧，从而无力还击。战略局的霰弹枪商店有许多的可选择项，按照射击速度由慢到快排序有：后装式、泵动弹仓式、半自动式，以及全自动式。

冲锋枪（SMGS）

冲锋枪是弹仓自动供弹的快速射击武器。在全自动化模式下，只要扣下扳机并且弹药充足，它就能喷射出源源不断的子弹。这种高频率的火力结合其简易的操作（低后坐力和高稳定性）让冲锋枪成为近距离战斗的极佳选择。注意有些型号，如MP5的某些变体有连射模式，每扣动一次扳机会发射三枚子弹。

然而，快速射击这一优势因为子弹口径较小而破坏性略低被抵消；冲锋枪通常在应对装备精良、身着防弹衣的敌人时表现乏力。随着距离拉大，冲锋枪的精准度也会直线下滑。

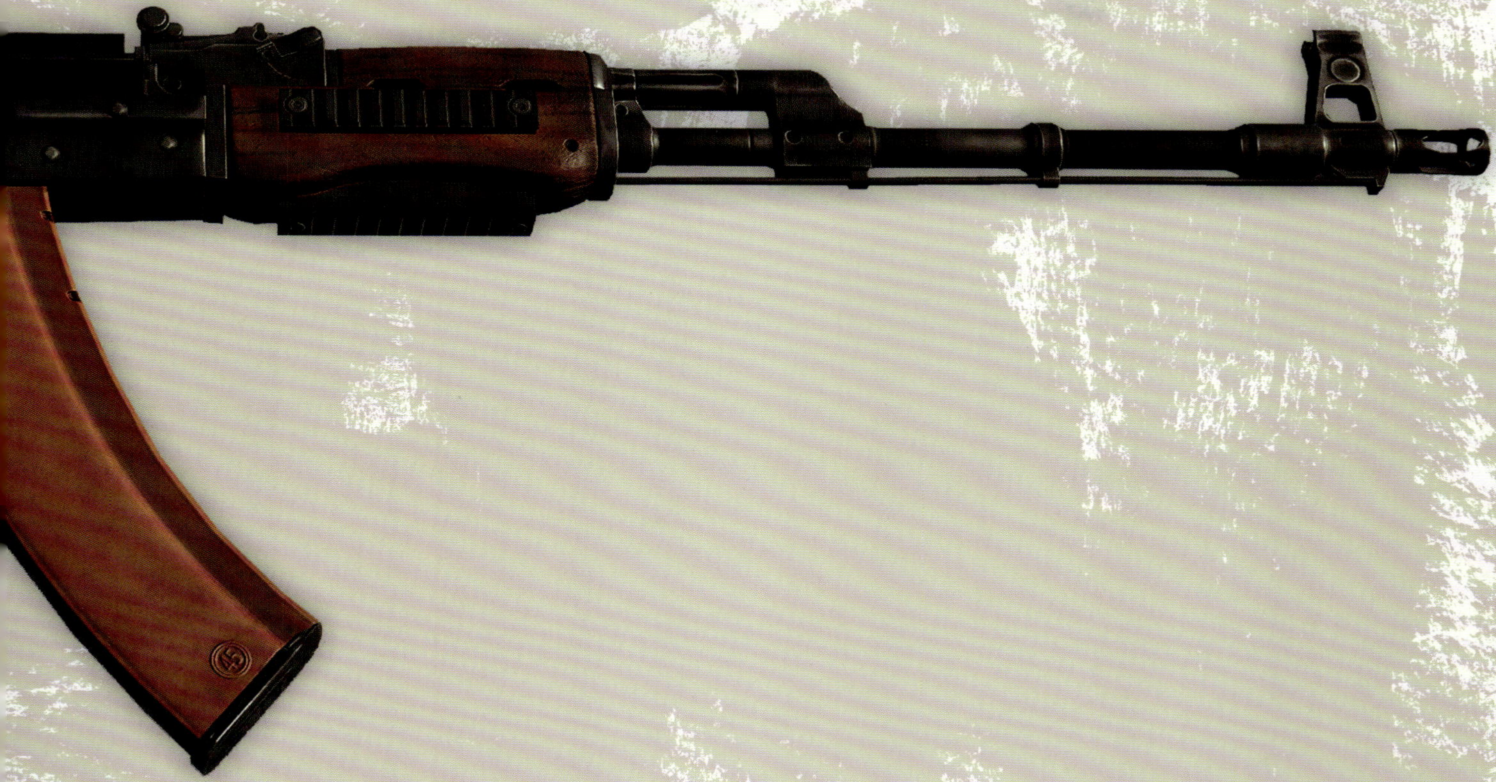

轻机枪（LMGS）

轻机枪是经典的步兵支援武器。作为一种威力凶悍、功能齐全的机枪，它同时具备便携性，并且只需要一位枪手操控。在设计之初，它就被当作在中远距离压制敌军单位的重火力武器。虽然轻机枪的弹药十分充足而且可以在移动中射击，但它的稳定性和精准度较差，枪手最好还是在固定状态下操控。然而，如果敌人在失去掩护的情况下遇到轻机枪，那么他将会遭到毁灭性的打击。

轻机枪可以有两种装填弹药的方式：

- 弹药带式的轻机枪弹药量极大，弹药口径更大，速率不凡，但重新装填的时间比较长，有较大的后坐力，以及较低的移动性。所以说，这种轻机枪最好用来作支援武器，为友军提供重火力压制。
- 盒装弹药的轻机枪操作更简易，速率更快，这些优点让它成为具备优秀移动性的突击装备，尤其是在对抗成群的敌人时。但盒装弹药的数量较少，较小的口径也使得其每发子弹的破坏性不如前者。

射手步枪

射手步枪用于对远距离目标实施高精准度和致命性打击，它为战略局的外勤特工们提供了高破坏力的狙击步枪这一选项。这种漫射武器需要耐心瞄准，需要花很长时间在瞄准镜中聚焦、对准目标。为了获得最大的精准度，射手步枪应该在静止状态下射击——如果射手在瞄准时移动，瞄准镜不再对准目标，就失去了视野优势。单发大口径子弹的迅猛打击——尤其是爆头打击——让这类武器成了典型的战场大杀器。

在武器供应处，或是在战场上，你经常可以看到这两种射手步枪：

- 手动栓版本的射手步枪速率低、弹药量少（通常只有五到七发），但保持了良好的稳定性，并且能给远距离的敌方目标造成极为可怕的致命性打击。
- 半自动式的变体射手步枪拥有更快速的装填速度，射速也更快，通过弹药匣提供弹药，一般每匣十到十五发。这种枪支不如手动栓式步枪的威力，打击距离也更局限。

手　雷

手雷是手掷式的爆炸性装置。它能通过弹片和燃烧物对敌人造成致命性物理杀伤，或通过电击弹等电子设备让敌人瘫痪，还有催泪瓦斯和电磁脉冲弹（EMP）。关于如何施放手雷，战略局特工们经历过严格的训练。

战略局的军火库通常只存有基础款的裂片式手雷，简称“碎片手雷”。这些爆炸和喷射出来的致命弹片会对以爆炸处为中心点的圆形区域造成可怕的伤害。碎片手雷四处可见，通常都保存在安全屋或其他地方的补给箱里。

特工们可能在不同的地方找到几种其他类型的手雷：

- 休克手雷。这种特殊手雷一旦引爆，将会释放出大量电流，能使处在爆炸半径中的敌人暂时性地瘫痪。
- 燃烧手雷。燃烧手雷的爆炸将释放出大面积的火焰，短时间内吞噬爆炸区域。
- 催泪瓦斯弹。这种手雷会在短时内释放出一片使人虚弱的催泪瓦斯。瓦斯弹药会让身处或是闯入烟雾中的敌人迷失方向（包括扔手雷的人）。
- 闪光弹。在一声巨响之后，会出现极亮的光照，闪光弹的爆炸会让范围内的人暂时性致盲及致聋。
- 电磁脉冲手雷（EMP）。这种特殊手雷能释放电磁脉冲，使处于爆炸范围内的人暂时性地瘫痪。一记电磁脉冲手雷能有效地打断任何专业设备，短时间内限制其特殊或先进技术。

武器改装

现代化的武器工业在持续不断地推动和引领武器科技和工程技术的发展。因此，战略局的特工经过训练之后，要在野外作战的过程中辨识和夺取各式各样的创新性的武器改装和配件。机警的特工们搜寻四种类别的商用枪械产品：瞄准镜、弹药、枪口、握把。这些配件能增强武器的性能，甚至超过战略局对于野战武器的严酷标准。

目标：在任何战略对抗中，战略局特工必须保证使用的武器是作战区域中最佳的。

瞄准镜

光学瞄准镜提供了极佳的视野，加强了稳定性，增加了射击距离，而且总体来说能为特工们装备库里几乎所有枪械提高射击的精准性。瞄准镜配件的种类有很多，有全息瞄准镜，红点激光瞄准器，以及二级市场的机械瞄准镜。

握　把

定制握把固定在步枪和冲锋枪的底部，包括直角握把和垂直握把，用来降低后坐

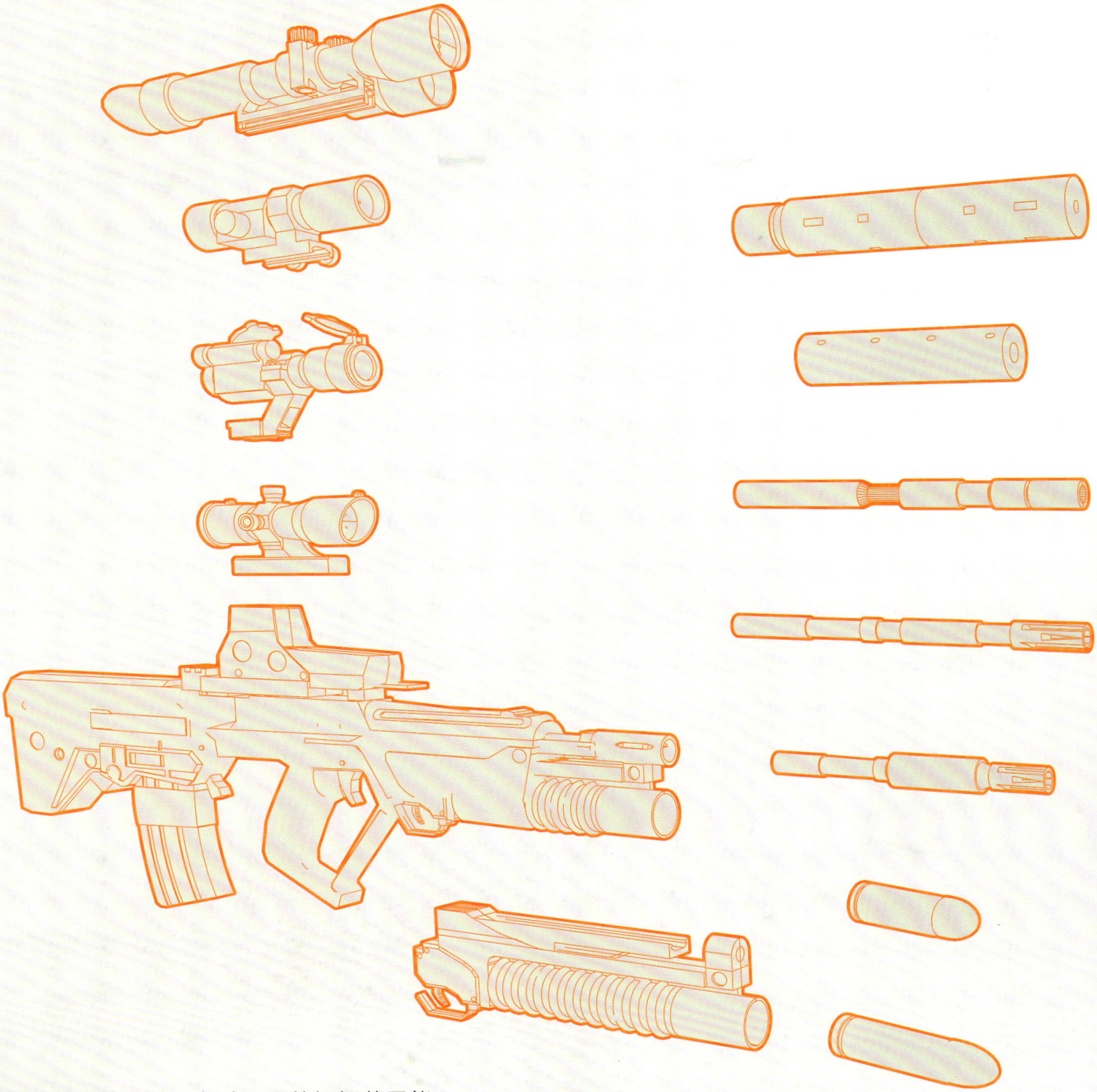

力并增加稳定性。各种不同的握把装置能更好地提高射击的准确性，激光握把能提亮目标，提高腰射的准确性。

枪　口

枪口配件会影响多种武器属性。补偿器能减少水平方向的后坐力，制动器能减少垂直方向的后坐力；增音制动器能提高射程；消音器降低枪声，不易让敌人注意到；消焰器降低射击的火光，并提高准确度。

弹　夹

子弹弹夹的属性可以从许多方面影响到武器的性能。扩充弹夹可以增加弹药容量；小型或快速弹夹能加快装填速度。给武器装上一个高速弹夹更容易给敌人致命一击。

防护装备

每一支战略局野外作战分队在打击敌人的同时，还需要有抗打击的能力。实际上，无论一个队伍的战术策略是进攻性的还是防守性的，特工在执行特定任务的时候还是很容易被子弹击中的。为了提高特工们在紧急情况下的生存能力，战略局分发了坚固耐用的防护服作为基本制式装备。训练有素的特工们也可以在周围环境中搜寻物件，用来升级或直接替换身上的装备。

由于特工们的身份背景大相径庭，有不同的作战偏好，所以防护装甲的选择和目的也各不相同。所有特工都携有某种防护面具，以对抗灰尘和化学、生物、放射、核污染物。大部分特工都穿着某类防弹衣，配备防护手套和护膝。有些特工会携带先进的防弹近战盾牌，或可展开的护盾。他们还会携带能将自己的身份修改为政府官员的设备——这样就能避免与其他机构和部门产生纠纷。

防弹衣

特工们可以穿着多种不同的防弹衣来减轻身中弹药的伤害。从轻型防弹背心，到坚固的硬质防弹衣，或石墨烯防弹背心，以及高端的可穿着的压缩玻璃碳护甲。某些防弹背心还能提供装备容量，扩充武器槽，或提供防御装置。

护膝

战略局军工厂为特工们提供多种多样的护膝装备。护膝不仅能够减轻环境伤害，还能为穿戴者抵御非物理性攻击，例如电击。

手 套

特工们可以从军火库选择防护手套来保护自己的双手。一些特定种类的手套能提供其他好处，如更好地抓握特定型号的枪支（轻机枪、霰弹枪、射手步枪），以此能更好地打击敌人。

面 具

每一名战略局特工必须携带一件防护面具，尤其是当他们进入化学、生物、放射、核的环境中时。所有面具都能防护面部，过滤致命病原体，致虚的气体或是放射性灰尘。有些防护面具还能帮助特工们在作战中更具效率：它们能帮助穿戴者减轻眩晕弹和燃烧弹的影响，通过保持呼吸通道的畅通来帮助提高特工的体力。

背 包

如前所述，每个随身背包都为特工提供了一定数量的装备防护。更好的背包能增加其库存和弹药容量，提供更好的防火属性，甚至能增强瞄准射击时的稳定性。

枪 套

特殊枪套能给随身武器提供更强的防护，并升级其性能。

国土战略局技术

注：国土战略局技术拥有独特的电子信号，能被其他SHD技术识别——驱动装置。因此，战略局特工们能知晓其他特工何时出现在附近。

国土战略局在战略上最大的优势就是它革命性的智能技术。所有讯息都被国土战略局全球卫星网络连接在智能电网之上，国土战略局技术，俗称“暗影技术”，为处在野外行动中作战的战略局特工们提供及时有效的情报。

国土战略局技术不仅仅是战略局的研究与开发部门独立开发出来的，也是从军方科技改造而来，还有商用的技术原型。事实上，它是这一切技术专利和科技系统的合成，但它只为战略局及其特工服务。这其中包括为警务和军事行动开发的最具革命性的增强现实技术（AR）系统。具体来说，有吊舱发射器、炮塔、导引头地雷，还有手提式电台。

▲
地图中标黄部分为中城西区的行动基地。

国土战略局网络

战略局的网络是特工行动的核心技术。它同众多战略局直接控制的专用资源相连接——无人机及其他无人飞行器（UAVs），空中预警机，以及电讯卫星。他们会将信号输出装载到现有的民用建筑，商用的和军用的网络架构（手机信号发射塔，WiFi 热点，NASA 和 GPS 无线电导航设备，等等），并创造一个无缝衔接的全球性的联动数据网络。

大量冗杂的设备保证了 SHD 网络的可靠性，即便是处在灾难性的紧急情况下。这种可靠性至关重要：网络将处于事故现场的特工们和战略局总部以及战略管理部门的决策者们联系在一起。

智能系统分析计算机（ISAC）

智能系统分析计算机（ISAC）是高度先进的人工智能（AI）实体，只要活跃在一线的战略局特工装载了SHD技术收发器，就能使用这一系统。通过SHD网络，智能系统分析计算机的服务在战略局行动中发挥了不可替代的重大作用。

智能系统分析计算机的同化学习能力让它能为每一位特工提供关键性的战略行动服务，这其中包括但不限于通信、实时分析、远程数据采集和检索、遥测，还有和各类五花八门的技术的交融。智能系统分析计算机能对现场传感得来的信息进行分类和分析，提供战术支撑，传递预警及更新，识别敌方目标或通过生物特征标记进行接触，并为战略目标设置路径点。

一份原始档案记录显示：智能系统分析计算机是战略局学习和组织计划的认知助手（CALO）的进化版本，由五角大楼著名的国防部高级研究计划局（DARPA）研发并最终流入商业市场，各种各样的虚拟助手就是其技术成果。

智能手表 PDA

每一名战略局特工都佩戴智能手表，这个特别的装置是战术意识的核心。它的基本功能是加强版的军事级别 PDA。当它与装载于特工背包上的强力无线收发器连接时，特工就能通过智能手表与智能系统分析计算机和加密的 SHD 网络连接。

智能手表的主要功能和连接设置包括：

- 通信，点对点且包含多种频率。
- 数据收集和分析。
- 强化环境感知和增强现实技术。
- 电子集成脉冲。
- 带有扫描功能的隐形眼镜（见下页）。
- 无人机控制界面。

这种戴在手腕上的装置有以下作用：能够让战略局特工们和其他处于战场的同僚以及总部及时交流；扫描目标并识别现场目标；黑入通信系统、电子锁和计算机；也可以用它内置的医学诊断软件来扫描自己身上的伤势。

智能手表的自主功能套组中包含一个特殊的感应器，它能感应并测量出环境中的物理、化学及生物元素。它也能提供和战略局大量设备连接的机会，尤其是特别事务系统如远程通信阵列、先进的超级电脑单元、紧急医疗单元。

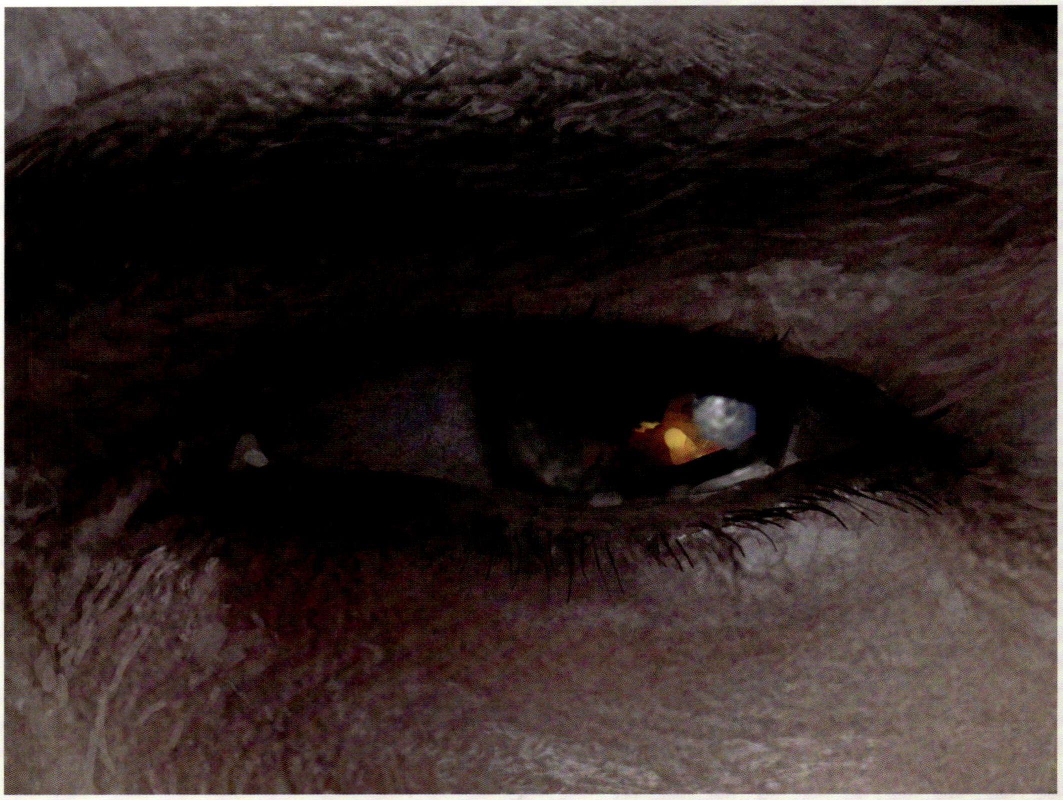

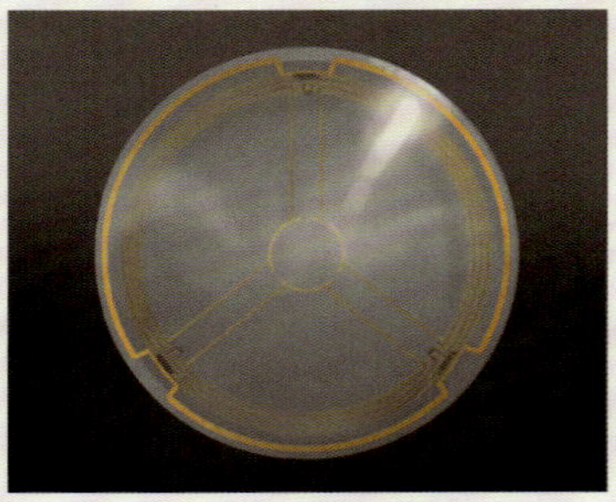

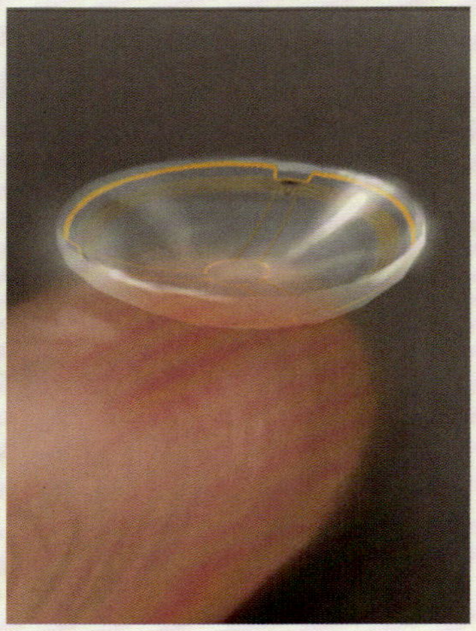

扫描式隐形眼镜

所有战略局特工都佩戴装载扫描技术的隐形眼镜，智能系统分析计算机会在其中部署一个增强现实的头戴式装置（AR-HUD），直接植入特工的视野中。AR-HUD 和真实世界的环境同步，它会标记和识别所有智能系统分析计算机的传感器扫描到的相关目标。传感器通过校准，能识别威胁并寻找到大量信号源。

通过这种方式，许多战术数据都能通过智能系统分析计算机和智能手表转化为可视的指示信号和读数。因为这些指示信号直接显示在扫描的目标上，所以特工们能迅速得到视觉反馈。敌对势力会发出红光，同盟则发出绿光，同时会显示健康状况数值条。AR 方向标在空中盘旋，指向下一个目标。

扫描式隐形眼镜通过智能手表和智能系统分析计算机实行无线连接，以曲面 LED 技术显示出来。眼镜使用微压电传感器，通过细微的眼球跳动来发电。这些细微的眼部跳动根据需要为嵌入式储能模块积蓄能量。相关的 AR 处理器进行多传感器的数据融合，以便根据穿戴者的处境显示相关的准确数据。

测听耳机

每一位战略局特工都装配有一对定制的硅胶耳机，用于接收音频通信，就像智能系统分析计算机的情境反馈。每一对耳机都针对不同特工的听觉范围进行了听力校准。自动充电设备有许多不同的变体和设计方案，但每一种都有橡胶护罩，能保护耳朵不受闪光弹轰鸣和其他噪声的伤害。所有耳机都通过无线连接到智能手机的核心单元。

证据相关性全息覆盖（ECHO）

智能系统分析计算机（ISAC）能收集和汇总从当地装置和类似智能手表等资源、监控摄像机、卫星、无人机和计算机中挖掘出来的数据。然后这些数据就能通过“片云”（在空间中呈现的数据点）呈现出来，在短期内以三维全息图像的形式重塑现场事件，并显示在特工的头戴式装置眼镜上。这些图像包括特定事件的音频，还包含事件参与者的身份信息。

这项技术被称为证据相关性全息覆盖（ECHO），特工们不仅能通过它搜集到相关数据，而且能确确实实地“看”到关键证据。图像部分显示为透明的橙色，在环境勘测中有很大作用，同时也可以用来追踪敌对方的行动、失踪人员，或隐蔽储存起来的物资和装备。

第六章
人口控制

灾难性事件会烧毁房屋和建筑，损毁基础设施，破坏城市景观。它们会在悄寂中降临，如鬼魅一般，危害整个社会。无论如何，当尘埃落定，在废墟中存活下来的人们一定惊恐万分，有时甚至充满绝望。

在政治组织架构稳定的文明社会，很快就能恢复秩序，并进行重建。但如果合法的权威及相关机构也同时崩溃，那么恢复原状就成为一件十分困难甚至是不可能的事情。公众安全不断受到威胁，无政府状态下的黑暗势力也开始苏醒。国土战略局成立的目的之一就是对抗这种势力。

战略局的特工们一旦被激活，就会迅速分散到人群中，他们会重塑秩序、传播希望并阻止全面崩溃。每一位特工都有一个压倒一切的指示：保护现存的一切。一旦黑暗势力被揪出来，基础服务得到恢复，大多数社区都开始自我修复。历史一再证明，经历过灾难洗礼的社区会展现出强大的韧性、无私奉献的精神，并会积极主动地适应道德准则并加强社会关系。

平 民

当灾难性事故发生而战略局特工们在此区域被激活时，他们遇到的大多数人员是普通的平民。这些人大都是奉公守法的公民，甚至他们惊惧万分，身上可能还带着伤，尤其是在危机发生的最初几天。但如果文明秩序和基础设施服务（电力、水、食物分配、警力保护等）在几天之内没有恢复，许多灾民就会开始陷入恐慌。

特工们在训练中知晓了有时候哪怕只是简单的宽慰人心的物资——一瓶水，食物袋或医疗包——就能安抚一名受惊的平民，获得他们的信任，缓解街头的紧张局势。当然，战略局也鼓励特工们以武力干预街头犯罪事件。当平民能够对街头的安全程度产生信任，社区也就可以开始重塑他们的社会关系了。

社会工作者

在黑色星期五生化武器袭击之前，战略局在他们的威胁识别手册中指示战场特工，在灾难性事件发生时，可考虑将社会工作者当作天然的盟友。设想如下：通过训练和锻炼，州、市及县级雇员将致力于公众利益，勤劳地工作以期恢复公共服务。这包括应急人员（警察、消防员和医护人员）、运输人员、土木工程师、环卫工人，以及其他的政府工作人员。

然而，在纽约市天花病毒袭击的余波中，手册做了调整。尽管城市中许多幸存下来的社会工作者都不知疲倦、无私地工作，只为维护基础设施服务，但也有一些人为了一己私利，利用职位之便，参与黑市交易。还有一些人更过分，他们成立了无情的义务警队（详见后文的净化者），将法律攥在自己的手中。

暴　徒

有一些平民为了生存下来，选择了一条违法犯罪的道路，他们被称为“暴徒”，是战略局的敌人。他们是典型的无组织的劫掠者，成群结队地在城市游荡，以捕食弱者为生。由于执法人员越来越稀缺，力量也越发衰微，暴徒们经常会直接从那些无力保护自己的人群手中夺走他们想要的东西。事实上，美国军用级别的枪械数量非常庞大，因此暴徒们常常是全副武装。

大多数暴徒只是机会主义者——他们原本是普通人，却因为各种各样的原因被恐慌和贪婪推向暴力犯罪。但暴徒们不登录社交网络，不为所有人的利益而团结努力，相反，他们却在伤害其他人。在这种情况下，战略局的任务就是要让他们付出惨痛的代价。

暴徒中几乎不存在忠诚，也毫无组织性可言。然而，当条件合适时，他们还是会和自己喜欢的投机者结成松散的同盟。但任何同盟都是短暂的，他们唯一关心的事情就是肉体的存活和下一顿伙食。

已知的敌对派系

纽约市

随着阴冷无情的绿钞毒在美国最大的城市扩散，每天都会有数以千计的受害者。绝大多数平民都陷入死寂般的绝望中，只能等待救援。还有一些人走上街头寻觅食物，为生存而奋战。这其中有一些人沦为劫掠性质的帮派成员。以下是战略局及其他执法部门在曼哈顿隔离区遭遇到的主要敌对派系。

净化者

所谓的净化者就是从前纽约市的环卫工人——垃圾清理工、公共设施保洁员、公园看门人、街道清洁工、水厂操作员等等——总之，在和平时代他们的工作致力于维护邻里和基础设施的卫生清洁。他们当中许多人从城外赶来上班，却在病毒传染的最初几天被困于城内的隔离区域。还有一些人是在这场突发事件中失去亲人的城市居民。

这些城市蓝领工人认为，当地政府及联邦政府机构在保护他们的健康和家庭方面毫无作为。于是，一部分人开始组建帮派，试图用自己的双手解决问题。曼哈顿的卫生部门主管乔·费洛，是这一帮派的组织者和领导者，他们自称“净化者”，以消灭城中的变种天花病毒为己命。净化者们的方式既原始又野蛮：他们穿戴上以凝固汽油弹为燃料的火焰喷射器，将任何被怀疑携有此种病毒的事物和人都烧成灰烬，但是这其中常常包括仅仅只是在病毒下暴露了一小会儿的完全健康的幸存者。最初，这个狂热的帮派被灾难紧急应变署设置的隔离带和检查点所阻挠。但没有人比乔·费洛和他的追随者更熟悉曼哈顿城的暗处环境——那些下水道、排水隧道，还有地铁线路。他们装载着火焰喷射器、消防斧和燃烧弹，穿行在城市地下的通道中，轻而易举地绕过道路和城市边界的障碍物。然后突然现身于毫无防备的地区，净化者们释放“净化”之火，将他们眼中的一切污秽之物烧尽。

他们的恐惧像不受控制的火焰一样蔓延。费洛认为：染上病毒的人都应该死。在净化者总部所在地，找到一份恐怖的文件，在一段手机的视频录像中，一名平民被俘并被一个无情的净化者活活烧死。所有的战略局特工都知道，在净化者的地盘要格外小心。他们的地盘上通常停着他们独有的黄色垃圾车。

最终，在战略局的领导下，净化者队伍（包括乔·费洛）被大量消灭。他们的凝固汽油弹工厂也被破坏，净化者不再是联合特遣队和纽约市民面对的巨大威胁。但他们对世界的冷酷毫无疑问还存在于隔离带人们的心中。只要病毒一日不除，不确定性一直存在。

赖克斯帮

当绿钞毒暴发时，纽约市的公共服务遭到了破坏，全市五大区的电力临时断供，这其中包括臭名昭著的占地2500亩的赖克斯岛监狱。利用这次大规模停电导致的黑暗，囚徒们以人数优势压倒监狱守卫。这次大规模越狱使数十名危险的重罪犯拥入皇后区，他们越过几座东河大桥进入曼哈顿。讽刺的是，在抵达曼哈顿不久后，这些逃犯就发现，他们根本就是从一座孤岛逃到了另一座孤岛。他们这次是被灾难紧急应变署设置的曼哈顿隔离区所囚禁。

这其中最恐怖骇人的一位囚徒是拉瑞·巴雷特。她将罪犯们组织成为一个帮派，称为"赖克斯帮"。在这帮强硬的犯罪分子眼中，被困于无政府状态下的曼哈顿就是新时代的狂野西部，在这里他们可以肆意掠夺，甚至可以对那些把他们关进监牢的执法部门实施报复。在巴雷特的领导下，赖克斯帮迅速填补了街头由于联合特遣队的撤退而导致的权力真空，控制了整个社区，像战争领主一样统治着这座城市。

这个帮派有一个主要目标：杀死所有穿制服的人，尤其是讨厌的纽约市警察。在这场危机中，他们被收编到了联合特遣部队中。从警车中找到的行车记录仪影像和其他监控源显示，赖克斯帮对执法人员犯下极为可怕的暴行，帮派成员在杀害警察之后，会脱下尸体的警服，然后穿在自己身上。

许多在赖克斯岛上的犯人同时归属于纽约当地的帮派，于是更多的本地帮派成员被吸引加入其中，监狱帮迅速发展壮大起来。迅速扩大的队伍中偶尔会出现内讧，但拉瑞·巴雷特的铁腕领导让其他竞争者望尘莫及。她不仅冷酷无情，而且有组织计划的领导才能，也是战略局分队可怕的敌手。

幸存者军队（LMB）

幸存者军队是一支私人军事武装集团，由功勋彪炳的前美国陆军特种部队军官查尔斯·碧利斯创建并领导。这支军队几乎包括整支陆军精英第七十五步兵团的前游骑兵们。作为战略局和美国中央情报局最为惧怕的特别行动小组，幸存者军队还雇用了全球范围内训练有素的、一击致命的雇佣军。

在绿钞毒爆发之前，这个武装集团被部署在西亚和北非及其他许多敏感地区，负责执行黑色网清查行动。但在生化武器袭击来临后，有几家惊慌失措的华尔街金融公司立刻雇用LMB，来保护他们存放于曼哈顿地下的服务器和固有资产。疲倦而厌战的军人们发现他们虽然从危险的海外任务中被召回，但却陷入了病毒大旋涡——一场现代历史上最为致命的城市灾难性事件中。

随着金融区的恐慌进一步失控，碧利斯开始和当局发生冲突。他认为这些人可悲至极，既软弱无能又优柔寡断，被荒唐可笑的束缚缠住而缩手缩脚，纠结于在现实中不能发挥战略作用的事情。隔离区建立起来之后，联合特遣队开始撤回中城的主基地后，幸存者军队发现他们的一切联系都已被切断，他们被遗弃了。

经过数日血腥的巷战，碧利斯深信，唯一可行的道路就是自己重新夺回纽约市，通过暴力建立一个新的军事力量。在和一个飞扬跋扈的联合特遣队联络员发生激烈争吵后，碧利斯不仅违抗了那个军官的指示，还将他处决了。

和曼哈顿隔离区的其他派系相比，LMB的雇佣兵们是相当出色的战斗专家，他们有一流的军用装甲和武器装备，防御工事也更加坚固牢靠。碧利斯深信，这场灾难引发的倒退不仅会摧毁这座城市，还会毁掉整个国家。他相信他的幸存者军队会从天花病毒中存活下来，他们会完全控制整个纽约市，然后他们用新的城邦作为基地，建立一个新的世界秩序——只有那些拥有强大的意志和品质的人才能活下来。

一个叛变同盟

陆军中校碧利斯和叛变的战略局探员亚伦·基纳之间有一次重大的会面。在这之后，幸存者军队和战略局第一波进入纽约市的叛变成员之间开始了暂时性的同盟关系。同盟的建立是基于双方的共同理念，即现有的政治体制在残酷的灾后世界无法维持社会的稳定。基纳和碧利斯一样，他们仿佛已窥见出一个残酷无情的达尔文主义的未来。

之后，基纳的几名下属真的成了幸存者军队的队长。他们共同密谋策划了火箭袭击，杀死了东北分部的战略局指挥官路易斯·张。战略局很快就将幸存者军队视为纽约城中最可怕的敌对势力。碧利斯也和其他的派系达成了合作关系，包括净化者和赖克斯帮。

军团的溃败

事态发展令人不安。多亏了第二波特工突击队的努力奋战，雇佣军集团被粉碎了。这群特工展现了他们的足智多谋和面对敌对势力及逐渐恶化的城市环境时出类拔萃的适应力。他们的成功为战略局的行动树立了新的标杆，证实了战略局的训练行之有效。而事实上，这一行动证明了“留下来”这一整个概念的正确性。

在失去查尔斯·碧利斯和大部分的指挥官后，雇佣军集团溃散了。存活下来的幸存者军队士兵都四散奔逃，不再是主要的威胁。当联合特遣队开始移动到西侧桥墩时，LMB 的残余势力已经设法同其他的派系达成了和平协议。战略局特工找到的一段音频资料显示，各个派系都不约而同地发现了他们之间的共同点——都被前特工成员基纳卑鄙、无耻地背叛了。

简介　瑟夫·“乔”·费洛

档案信息			
状态	死亡		
年龄	46	性别	男
职业	曼哈顿区卫生部门主管		
近期角色	净化者的创建者/领袖		

乔·费洛曾经是曼哈顿卫生系统专家，他创建了净化者组织，并成为一名卓越的领袖。他深受工人们和同侪的敬重，即便他的观点渐渐变得偏激，固执而残忍嗜杀，他依然吸引了一批忠实的追随者。他也和城中其他的工会组织保持良好的关系：管道工、管道安装工、建筑工人，他们都愿意为他提供所需的传闻和情报，以追踪敌人和识别目标。随着病毒传染、危机蔓延，其他行业的工人开始为费洛的事业输送更多的人员。

个人历史

在绿钞毒暴发之前，费洛和他的妻子肖娜定居在曼哈顿，他本人在市卫生部门供职。人人都说，他是一个努力工作的棒球球迷，喜欢收听无线电广播上的脱口秀，拥有一个普普通通的人生。但黑色星期五之后，一切都不一样了。肖娜是第一批死于天花病毒的人。

费洛的内心充满了对政府应急行动失败的怒火，他决定自己组织反攻病毒。他深信消灭病毒的唯一办法就是用火焚烧，于是创建了净化者组织，并在中城一个废弃的建筑工地里建立了总部。随着最初几周传染的持续蔓延，费洛最初的信念渐渐扭曲为疯狂的纵火。他的总部迅速转变为生产凝固汽油弹的工厂，为净化者们的火焰喷射器提供燃料。

灭　亡

众所周知，费洛平常穿戴着装有巨大的凝固汽油箱的黄色防护服，他固守在他的凝固汽油弹生产地。最终，战略局特工们设法突袭了他的总部，终结了这一威胁。

简介　拉瑞·巴雷特

年龄	32	性别	女
状态	死亡		
罪行	持械抢劫、绑架、鲁莽威胁他人生命安全、两宗重罪谋杀		
关押地	赖克斯斯岛，纽约市惩戒局		
近期角色	赖克斯斯帮的帮派领袖		

拉瑞·巴雷特是一名杰出的硬核犯罪分子，是赖克斯斯帮的领袖。在黑色星期五发生之后，她利用了这一混乱的局势，组织了一次越狱，从赖克斯斯岛（她因犯下双重谋杀而被关押于此）逃了出来，并穿河而过来到了曼哈顿区。擅长走私和黑市交易的巴雷特设法弄到了食物、防弹衣和先进的武器，提供给赖克斯斯帮。

不论是同伴还是敌人，他们都这样描述巴雷特：奸诈狡猾、凶残嗜杀，且不知原谅为何物。一直以来的经历让她尤为痛恨警察，即便是和执法部门关系甚远的人（包括战略局特工），她都贴上“猪”的标签。她对包括但不限于警察、人质和帮派叛徒实行残忍的酷刑，作为取乐的手段。

根据招供报告，巴雷特内心知道，赖克斯斯帮统治纽约街头的时代将会非常短暂，它只会是城市历史上一段血腥暴力的插曲。但她不在乎，并声称，与其慢慢在赖克斯斯岛上的监牢里腐烂，还不如轰轰烈烈地死去。

死　亡

巴雷特是在发生于赖克斯斯帮的据点——莱克星顿事件纪念中心的一次由战略局和联合特遣队突击分队联合发动的突然袭击中被击毙的。在她死后，赖克斯斯帮分崩离析、陷入混乱。虽然在这次突袭后很少有人提到她，但很明显，她的死亡深深地影响着帮派的运作。

简介　查尔斯·碧利斯

	**年龄**	50	**性别**	男
	状态	死亡		
	军衔	美国特种部队陆军中校		
	近期角色	幸存者军队的创建者和指挥官		

查尔斯·碧利斯是美国陆军特种作战部队第一特种作战分遣队（著名的“三角洲部队”）的前军官，他从军队退役后便开始致力于在私人安保这一行。他组建了自己的雇佣军集团——幸存者军队，并聘请了一些世界上顶级的雇佣军。在联合特遣队将他们整个集团抛弃在隔离区后，碧利斯决定自己解决问题，为 LMB 解决整个纽约市。他承诺会从那些“堕落者、骗子和小偷”的手中重新夺回这座城市。

碧利斯在精神上有一种永不妥协的劲头。引领他前行的原则是责任、荣誉，还有“以实力换取和平”。他对自己部队有种深厚的感情，这使他无论是在军队中还是在 LMB 都深受爱戴，大家都对他忠心耿耿。虽然碧利斯是个遵守诺言且不轻易违反合约的人，但他毅然决然地违背了华尔街的委托人，他意识到驱使那些人的只是一己私利。他不觉得让自己的下属冒着生命危险守护那些贪婪的金融家们的“死气沉沉的据点”有任何意义。

基纳特工背叛碧利斯后，把他留在 LMB 位于联合国大会的基地里等死。第二波战略局特工就要袭来了，他们听说这位陆军中校气冲斗牛，满腔都是复仇的怒火。他并没有选择追击基纳，而是留下来和自己的士兵一起守御自己的领地。在这次袭击中，战略局破坏掉他的武装直升机，他也当场阵亡。他的死标志着 LMB 的瓦解。不过，部分存活下来的雇佣兵很有可能找到了新的领袖。

已知的敌对派系

华盛顿特区

随着纽约市范围内传染力度逐渐降低，天花嵌合体极不寻常地像血污的潮水般沿着海岸线涌入了华盛顿特区。灾疫的突然暴发击垮了这个国家的首都，包括联邦政府。区域内的权力真空很快被那些原本在阴暗中存活的暴力派系填满。国土战略局及其合作机构已经认定区域内的以下几个团体为主要的敌方作战势力。

鬣狗

目　标：生存，堕落

战　略：暴动（突袭、伏击、陷阱）

训练度 / 组织性：低

稳定性：起伏不定

鬣狗是一个纪律松散的、只求及时行乐的帮派，他们是依赖暴力和恐吓为生的食腐动物，经常掠夺难民营地。这些投机取巧的劫匪除了剥削弱者和欺凌弱小之外没有什么更高的追求，他们只想利用他人的不幸获利。

起　源

随着文明社会在华盛顿特区的大都市范围内崩塌，大量市民被卷入这场大劫掠风波当中，到处都是偷窃、掠夺、偷袭、抢劫、伏击，两面三刀的事情。为了生存，他们不得不开始集结成一个个帮派。有些帮派拥有自己的名字，有些帮派占地为王，他们就像年轻人的帮派一样。但大部分帮派都是无组织的团体，他们的成员构成和领导团体每天都在变化。

随着残酷血腥的无政府状态的寒冬结束，春回大地，六个规模更大的帮派从宪法大道北边分裂的街头脱颖而出。连续几周的时间里，他们都在狂暴残忍地争夺地盘，这使得整个社区都动荡不安，幸存下来的市民都处在这场混战的威胁之下。但在二月，这六个帮派达成了一项内部停战协定并最终创建了一个机构，被称为“自由委员会”，每个帮派在其中都有代表（很多规模较小的帮派也在此机构中，但他们并没有代表）。

该委员会宣布了一系列他们称为“自由”的目标：

- 安排“业务”（劫掠）的自由：只要是在帮派的势力影响范围内，就不会受到干涉，无须承担后果。
- 积聚财富资源的自由：只要是用于帮派本身资源消耗的交易机会，都享有自由。
- 阻止试图获取北区任何地盘的敌人的自由，即可以反抗任何不在委员会协议指定同盟范围中的组织。

委员会还做了个最后声明，领袖们为六大帮派创造了一个保护伞式的名称，他们称自己为鬣狗。

派系简介

尽管缺乏统一集权的领导，但鬣狗却十分狡诈，擅于使用暴力手段。平民对于他们来说不过是可能利于的生存资源，有

时候甚至仅仅为了有趣和消遣就恐吓和杀害他们。他们是冷酷无情的机会主义者，不仅掠夺这个混乱的城市，而且还暗中抵抗和破坏当地政府和联邦当局为稳定局面而做出的举措。

真实之子

目　标：领土，控制人口

战　术：直接性的军事行动

训练度 / 组织性：高

稳定性：高

这个强大的、装备精良的非法军事部队由联合特遣队的逃兵和叛徒组成，他们现在利用自身的战斗技能和压倒性的火力优势来统治敌人，并扩大他们的影响范围。他们行动敏捷、纪律严明，自认为是拥有合法军队的一方霸主。他们希望扩大影响，巩固实力，压制该区域内的一切竞争对手。

真实之子由前联合特遣队野战指挥官安托万·里奇韦领导，是一个处于战争区域或失控国家的典型派系。他们的无情和强大战斗力让他们成为这片区域令人畏惧

的一股势力。战略局建议，所有特工在进行没有支援的对抗任务时，必须打起精神，谨慎行事。

起 源

这场大灾难猛烈地席卷了华盛顿特区，不仅杀害了许多平民，也使许多国家安全人员丧生。尽管有现场接种和其他免疫特效的抗病毒药物，但在天花病毒的影响下，联合特遣队遭遇了超过百分之七十五的减员，这引起了队伍中幸存者的不满。

一月初，在他的前任死于一场交通事故后，马里兰州国民兵的安托万·里奇韦上校被提升到联合特遣队担任东南地区野战指挥官，并被授予将军的军衔。联合特遣队指挥系统暗暗厌恶他，认为他过分小心谨慎，甚至有点胆怯。于是，在白宫防御行动中，他发出了毫不相干的指令，在隔离区开始越来越频繁地采取激进的致命手段来对抗起义者、抢劫犯甚至是较为温和的抗议群众。结果联合特遣队的领导层对他发出一而再再而三的批评和谴责。最

终，因为里奇韦在波多马克河上的一座岛上隔离营地“罗斯福”里，对拘留犯进行了极端残忍的虐待，所以他最终垮台了。军事法庭以不服从命令的罪名剥夺了里奇韦的军衔，并将他囚禁在联合特遣队位于美国历史博物馆地下室的临时滞留区。但在短暂的监禁之后，他逃走了，和他同时越狱的还有大量的囚徒，这次出逃多亏了他以前在联合特遣队的忠实部下。

这支部队和从囚笼中解放出来的犯人，组成了新派系的核心，最初叫作“自由的真实之子”，但很快又简称为“真实之子”。他们的第一个任务是绑架负责逮捕里奇韦事宜的联合特遣队高级军官，为他们召开特别法庭，然后立刻处决了这些人。

随着真实之子的力量逐渐壮大，特区范围内的其他地方武装组织不是被吸收就是被消灭了。因为他们经过正规的反暴乱训练，拥有正规军级别的武器和装甲，真实之子很快就崛起，并完全统治了整个特区。

派系简介

真实之子目前位于所有敌对派系的“食物链”顶端，并试图稳固他们的地位。战略局战争情报显示，这个帮派的主要目标如下：

- 扩大领土控制范围，包括关键战略地点、交通要道，以及具有象征性的地标。
- 控制关键基础设施和当地资源。
- 统治华盛顿特区地下铁路所能到达地区的所有幸存人群。
- 消除威胁和竞争对手，包括其他的派系和团体，以及执法部门，如战略局和联合特遣队。

总的来说，真实之子是纪律严明、训练有素的。大多数成员都接受过警局或军队的系统训练，还有极少数人曾经在海外的冲突地带执行任务。极少数真实之子既不是老兵，也未曾当过警察，甚至有着暴力犯罪的背景，因此他们有时会展现出非常规的战斗技巧。但里奇韦将军为他的军队建立了日常训练机制，其中包括标准的军事训练，以保证士兵们随时都能投入战斗。

在实际行动中，真实之子总是压迫和威胁他们领地内的平民。为了恐吓和控制当地人，他们会用非正式的暴行，这暴行往往是致命性的刑罚。至于人们是什么罪行，违反了哪条规定，这完全取决于他们的心情。

流亡者

目　标： 复仇

战　术： 恐怖、毫无规律的攻击、生化战

训练度 / 组织性： 低

稳定性： 高

流亡者派系是由灾难紧急应变署位于西奥多·罗斯福岛及其波多马克河邻近区域的隔离区强制且不明智地留下的幸存者们组成的。他们满腔愤怒，凶狠残暴，他们下决心要报复那些将他们囚禁在那座岛屿上的当局权威，还有这个袖手旁观、任由其发生的社会，他们认为所有人都必须付出代价。流亡者派系的构成人员大多是被动脱离人生轨道的当地人，他们信奉极端的虚无主义，并陷入黑暗的幻想，这使他们在战斗前无所畏惧。

起　源

一月份的时候，天花病毒暴发并以无法遏止的速度扩散，灾难紧急应变署和特区当地的权威机构在惊慌失措中孤注一掷，实行了强制性的隔离。士兵们封锁了西奥多·罗斯福岛和波多马克河东岸的部分地区，包括约翰·F. 肯尼迪中心，将这里和城市的其他地区隔开。然后联合特遣队特别行动单位把所有被感染的平民从医院和避难所营地聚集起来，再将他们运送到隔离区。

对病人和医务人员来说，隔离区建立得太过仓促，以至于将现实变成了一场活生生的噩梦。灾难紧急应变署在 JFK 中心成立了一个感染者鉴别分类中心，在河流岛屿上建立了隔离区域的感染者安置区。随着病毒感染者的尸体越来越多，岛上临时停尸房的尸体堆积如山，“罗斯福”这个名字很快变成了“死亡陷阱”的同义词。

到最后，并不是所有被隔离的人都被感染了，也不是所有被感染的人都死了。大量罗斯福的幸存者在被迫忍受恐怖的经历之后，都受到了严重的精神创伤。有一个女人——艾米琳·萧——在人群中崛起，并开始召集追随者。她是一个在隔离区感染了病毒但幸存下来的人，她满腔怒火地组织了一个“带菌者”的队伍，由那些像她一样幸存下来却没有症状的病毒携带者

们组成。她的计划是把病毒传染给整个城市所有尚未感染的人。

根据情报显示，她的原话是："一个也别想逃。"

派系简介

为了传播疾病，流亡者们愿意做任何事情。对他们的计划来说，最重要的是人们面对疾病产生的让人麻痹的恐惧感。简单来说，这个邪教组织试图恐吓、感染并杀害这个区域内的所有人。最近，战略局获得了流亡者关于他们主要目标的内部声明：

"这个城市让我们去死。我们不会停下脚步，直到这座城市中的所有人冰冷虚弱地躺在地上死掉，直到根除一切。我们终将报仇雪恨。"

因此，罗斯福岛营地上的幸存者们将目光瞄准在毁灭这个国家的首都的人口上——每一个市民，每一个公共行政人员，每一个执法部门和军队人员，每一个来自本地或来自联邦的人。这其中也包括所有该地区的竞争派系，尤其是他们的直接竞争对手——真实之子。

战略局的情报部门对流亡者进行了如下的总结：

- 他们是狂热的复仇者，绝不会对理性谈判有任何回应。
- 他们信仰的本质是虚无主义，他们已经一无所有，因此更加无所忌惮。这同时也是他们的作战方式。
- 被背叛的愤怒导致他们对所有阶层都有强烈的仇恨，因此他们在行事时没有一丝一毫的同情心。
- 他们残忍、疯狂地杀人，杀戮能够给他们带来快感。
- 他们更偏爱非人道的杀人方式，尤其是焚烧。
- 他们正在试验生化作战技术，例如：用病毒污染水源，用"冰冻玛丽"安眠药感染整个社区。

黯牙

目　标：统治全球

战　术：特别行动（精准、低曝光度）

训练度 / 组织性：极高

稳定性：极高

神秘的黯牙派系是战略局最近才确认的敌人，是一个目前还未被完全调查清楚的组织。他们以训练有素、装备精良和极为高效而闻名，似乎意图控制整个美利坚合众国联邦政府。但黯牙不同于纽约市和华盛顿特区的其他派系，他们似乎有着极高等级的背景，有着无限的资金支持，可怖的精准战术，以及掌握极为先进的技术，甚至是处于实验阶段的技术。

黯牙难道仅仅只是为资助者的阴谋而服务的神秘军事力量吗？战略局总部的各种情报显示，在天花病毒以摧枯拉朽之势蔓延的情况下，黯牙已经成功地确保了全国各地各大关键战略要地的安全，如军事基地、电网、公共基础设施、媒体传播中心、互联网服务器所在地、金融机构和高科技企业集中地等。现在他们似乎被召唤至华盛顿特区，要压制联邦，与战略局和 51 号政令进行对抗。

起　源

这个组织的确切起源还笼罩在神秘之中，看起来似乎是蓄意的误导。黯牙既有军队人员，也有非法的武装人员单位。长期以来，他们一直在世界各地的冲突地带为美国政府执行机密任务。从隐秘的政权更迭，到大庭广众下的反暴乱行动的所有大事件，都会有他们的身影。他们活跃在全球各地的危险区域，包括拉丁美洲、中东、东南亚，以及北非。

这个团队当前的配置明显是为了直接回应去年十二月暴发的生化恐怖袭击。在事件暴发的最初几个小时，黯牙行动组和

他们的装备就开始坐船回美国。的确，他们是在危机并未完全展开，还不为人所知的时候就已经开始行动，这体现了他们可怕的预见性。在那之后截获的情报昭示了他们的野心：“净化、安抚并维持好方兴未艾的新美国的治安。”

派系简介

如上所述，黯牙的装备极为精良，他们拥有尖端野战科技，军事级别的特别行动运载工具，能迅速在海陆空的任何地区部署军队。这个团队拥有大批曾经供职于冲突地带的经验丰富的老兵，包括当今世界的最危险的热点地区。他们有着非常明确的目标：

- 消灭华盛顿特区所有的敌对派系和团体。
- 无情镇压民众暴乱。
- 解除武装并控制居民点。
- 消除国土战略局及其同盟武装势力的影响。

尽管黯牙团体只是一个私人武装集团，但和其他雇佣军集团不一样，并不是完全的雇佣军制。黯牙是由意识形态驱动的，他们的行动植根于他们对新世界秩序的可怕设想，而且他们对自己在这个秩序中承担的先行者和军事守护者的角色有着极高的信念。

对这一设想的纯洁信念让黯牙试图摧毁一切拦路虎，包括美国士兵、国家安全人员（如战略局特工）、公务人员、平民，没有任何犹豫和懊悔。根据黯牙的组织规定，不论是男人、女人，还是孩子、老人，没有人是无辜的旁观者。

简介　艾米琳·萧

<table>
<tr><td rowspan="3"></td><td>年龄:</td><td>44</td><td>性别</td><td>女</td></tr>
<tr><td>状态</td><td colspan="3">存活</td></tr>
<tr><td>职业</td><td colspan="3">流亡者领袖</td></tr>
</table>

在隔离行动中，艾米琳被迫和她的女儿萨凡娜分开了，后来她听说萨凡娜死于虐待。这一精神创伤构成了艾米琳所追求的复仇的基础，她要向每一个对此事负责的人复仇，要向每一个袖手旁观的人复仇。

艾米琳也是病毒的携带者，但却幸免于难，没有任何临床症状，这反而让她怀有某种反常的骄傲，好像上天饶恕了她，好让针对其他所有人的复仇计划能够顺利实施。

她以超凡的个人魅力领导着流亡者组织。她的个性力量驱使着她的下属，也扫清了他们的道路。

简介　安托万·里奇韦

	**年龄:**	41	**性别**	男
	状态	存活		
	职业	销售员，国民兵上校和真实之子的领袖		

里奇韦曾经是一名顶尖的售货员，同时也是马里兰国民兵的“周末战士”。在 ROTC 的资助下，他读完大学，然后成为一个预备役军官。与生俱来的魅力和做销售员锻炼出的坚持不懈让他赢得了上司的喜爱。当疾疫爆发时，他刚巧被指派到马里兰国民兵的一支部队担任上校。

随着国民兵被编入联合特遣队，他对于事态发展的不满与日俱增。二月初他们的部队叛变了，并建立了真实之子军事组织。经过一番权力的争夺，最后他脱颖而出，成为真实之子唯一且不容置辩的领袖。在此之后，他就一直统领着真实之子，自称为“将军”，一个再也不会听从命令的将军。

定居点

华盛顿特区

十二月初，天花嵌合体病菌通过它携带病菌的媒介，从爆发点蜿蜒而行，抵达了华盛顿特区。病菌以强烈的攻势攻击到这座首都。几天之内，这个民族的伟大纪念碑和博物馆周围的街区都变成了布满掠食者的城市丛林。曾经友善的邻里，街角的食品杂货市场或药房，都成为武装劫掠的纽带。为了应对这种混乱的秩序，如果你有供给品，还有一把好枪，你可能会选择瑟缩在家中，就这样躲避风暴。另一种方法就是勇敢地走上街头，搜刮你能找到的一切东西。

特区的居民们做出了很多努力，他们发起了共同行动，以谋求生存。人们聚集

在定居点，建造和加强防御工事，分享资源、共同努力。十二月到一月，在病毒传播初期的几周，许多类似这样的避风港如雨后春笋般出现在城市各处；有些像灾难紧急应变署避难营地那样供外地游客落脚的地方也开始出现了。这些分散的哨所之间，形成一个以物换物的非正式网络和共同的防御协约，这让这座饱受摧残的城市保持了它的完整性。

然而到了二月份，有组织的帮派性敌对武装劫掠队开始横扫整个街区，将较小的、较弱的居民点撕成碎片。只有三个较大的据点撑过了这个春天：城堡、校园，以及戏院。

城 堡

最初的天花病毒在十二月爆发后，很快，灾难紧急应变署在国家广场旁边的史密森尼城堡建立了最早的难民营地之一。早期疏散之后，这个营地容纳了滞留在特区南部的外来人口。随着时间的推移，因为其公共资源、医疗服务和建筑结构本身的坚不可摧，城堡是第一个被称为“定居点”的地方。尽管严重的暴乱和劫掠顺着宾夕法尼亚大道一路蔓延至北，但对于想要逃离混乱街头的难民和当地居民来说，城堡依然是一个安全的避风港。冬去春来，从美国国会大厦到国家广场，武装袭击的程度更猛烈了。到四月的时候，城堡已经基本上被真实之子的领地包围了。它的南边是潮汐盆地，北边则切断了与白宫联合特遣队基地作战部队的联系。

六月上旬，真实之子的一次袭击终于突破了城堡的坚壁。在两天激烈的战斗后，绝望而英勇的定居点居民被消灭了。现在真实之子控制着这座城市的整个东南地带。

校　园

十二月，最初的天花嵌合体病毒爆发于特区不久，灾难紧急应变署就在白宫西边的乔治·华盛顿大学校园的广阔空地上建造了难民营。一个多月以来，这所大学校园里的帐篷营地一直致力于抑制病毒的传播：看护病人、安置被困游客、控制社会动乱的发生。

凛冽凄惨的寒冬迟迟没有离开，城市各地的其他难民中心开始一个接一个崩溃。天花病毒患者案例和武装暴徒劫掠供给品事件的泛滥，让灾难紧急应变署开始将医护工作者从危险的、行将崩溃的营地中撤出。到二月为止，大学校园的营地——现在被称为“校园”——是唯一存在的运转正常的难民中心。

解决方案诞生

人们突然意识到，不管是灾难紧急应变署还是联合特遣队，都已经被大范围的疫情弄得举步维艰。他们即将撤离现场，校园里的居民们开始一步步自力更生，并走向长期生存的道路。首先，他们建立了基本的防御机制，以对抗鬣狗对营地防不胜防的奇袭进攻。接着，他们利用校园各处的绿化带，开始种植和栽培粮食作物。最后，住民们推举出了一位名叫亨利·海耶斯的领袖，指导他们将营地改造成一个坚固的、自行运转的定居点。

到三月的时候，特区范围内所有的灾难紧急应变署紧急医院和再分配中心都被关闭了。对于难民来说，真正安全的庇护所只有城市中建立起来的三座大型居民自治定居点（包括校园），以及联合特遣队和战略局位于白宫地区的作战基地。

校园生活

在最初的一段时间，定居点是一个繁忙而无趣的地方，每时每刻都要致力于基本的生存目标：获取食物和水，维护庇护场所和安保。海耶斯也会指派委员会着手维护卫生设备和处理医疗问题。定居点的生活就像是蜜蜂一样忙碌，在蜂巢里进进出出。海耶斯所提倡的格言是：“不工作者不得食。”

这一精神很快渗透到生活的方方面面。这里有工作和睡眠，除此之外乏善可陈。生存成了压倒一切的首要指令，任何妨害劳动和阻碍这一目标的，哪怕是稍微有点轻浮的举止，都是不可接受的。清教徒般严厉的气氛开始在定居点上空盘旋。

流亡者入侵

虽然四月已经不再寒冷，但却面临来自西方的威胁。自称为流亡者的突袭小队开始对定居点的外围岗哨进行一系列的游击式袭击，他们打完之后立刻逃跑，同时还侵扰校园定期在周边的街区找寻补给品的搜寻队。一场地盘争夺战蓄势待发。

但比公开战争更糟糕的是，流亡者企图用他们的虚无主义哲学渗透校园。在接下来的几周内，一些优秀的校园住民改变了他们的信仰。最值得注意的是亨利·海耶斯的妻子，她对形势逐渐感到沮丧，于是离开了校园投向流亡者的营地。

民众意识到她的背离之后，对海耶斯的信任也开始减弱，一些人叫嚣着要他下台。他愤怒地拒绝了，个人的损失让他对流亡者的恨意更浓。到六月的时候，敌对势力已经加强了对校园周边领土的控制。更糟糕的是，它持续吸引着新的改变信仰并赞同流亡者世界观的人加入。

戏 院

特区大都市圈的最后一个主要幸存者定居点建立在第十街的福特戏院，距离壮观的FBI总部大厦只有半个街区的距离，是亚伯拉罕·林肯被刺杀的那个臭名昭著的阳台的所在地，这一历史性的戏院机缘巧合地成为那些被迫离开家园的平民百姓的庇护所。

从三月份开始，福特戏院就挤满了人，由于凶残的鬣狗派系在宾夕法尼亚大道北边的街区频繁劫掠，附近街区的居民在此寻求庇佑。这个定居点组织管理的独特之处在于，其创建者和领袖是一位前战略局特工——敖德萨·索耶。作为在一月份激活的战略局第一波行动中受伤的野战队员，索耶指挥修建了防御工事，并采取了一些其他方式，保护住民不受戏院周边街头暴力的侵袭。

定居点氛围

戏院在困境中起步，安保系统被破坏，还有其他的一些挫折，这些都可能动摇士气。虽然定居点现在组织良好、纪律森严，领导层也帮助住民提高了对自身安全的防护，但战略局的情报表明，愤怒、焦虑的情绪依然渗透进营地的各个阶层。相当数量的难民在与日俱增的绝望感中更加疲倦和痛苦。他们几乎已经完全被躁动的鬣狗派系的领土包围，这无疑加剧了他们的绝望感。

报告还提到了其他社会问题的象征：涂鸦、垃圾、蓄意破坏、内部盗窃、药物滥用事件甚至是沉迷毒品。尽管住民们志愿选择了一个核心管理委员会（由前特工索耶领导）来维持一切运转，但戏院的难民群体似乎缺乏先天的团队意识。有些住民很明显地感到自己被疏远或孤立了。当然，毗邻区域资源的匮乏或是在门前不断号叫的全副武装的鬣狗也有一定的影响。

简介　亨利·海耶斯

年龄	43	性别	男
状态	存活		
职业	校园定居点的领袖		

亨利·海耶斯是经由选举而上任的校园定居点领袖。他冷酷而勤恳，擅长保持营地的安全和正常的运转，但他并不具备保证居民的幸福和满足的能力。海耶斯创造了一种充满斯多葛派奉献精神的氛围，在其间个人的休闲或是满足感往往被投以怀疑甚至是敌视的眼光。结果就是，对他的一部分营地住民来说，流亡者派系来势汹汹的、自由的虚无主义变得越来越有吸引力。

简介　敖德萨·索耶

年龄:	37-39岁	性别	女
状态	存活		
职业	戏院定居点领袖		

前特工索耶在华盛顿特区出生并长大，所以她有一种很强烈的本地意识。她是个强硬、可靠的作战队员和野战指挥官，在战略局进入特区的行动中受伤后，她装上了义肢。三月初，她又因天花病毒失去了自己的丈夫，她年幼的女儿也目睹了这次缓慢的死亡。最直接的后果就是，索耶被黑暗纠缠住了，她开始出现异常的暴怒现象，甚至是创伤后应激障碍（PTSD）。这或许很好地解释了戏院总体环境氛围为何充斥着愤恨和焦虑。

定居点

执法部门 华盛顿特区的同盟

51 号政令规定，每个战略局特工地位都自动高于所有其他权力机构在任务区域内部署的人员，包括地方的、州政府的，甚至是联邦当局的。然而，为了获得最好的情报和成果，聪慧的战略局特工们通常会咨询当地执法部门人员，并和他们并肩作战。在更大的地区，如纽约市，这或许是个挑战，因为这座城市以它大熔炉似的司法实体而著称。但即便是纽约，与这种程度的错综复杂的权力网络相比也显得苍白无力，毕竟这里是国家首都。

华盛顿特区的情况令人困惑，因为这个地区不仅是地方性的市政当局，同时也是联邦特区。虽然所有的特区执法部门执法人员都被编入联合特遣队，但他们中的许多人仍然在战区扮演着特殊的职能，战略局的工作人员可以对此好好学习和利用。以下是该行政区主要管辖区的概况。

哥伦比亚特区首都警察局

哥伦比亚特区首都警察局是华盛顿特区主要的城市执法机构，原为美国最大的十个警队之一，疫情让这支警队人员锐减。MPDC 有超过四千宣誓过的平民成员为这座城市服务，被分派至七个警察区，每个区再细分为七个以上的警察服务区（PSAs）。这些警察比任何人都更了解特区的街道，所以在任何执法行动中，他们都能成为很有价值的合作伙伴。

城市交通警察局

这些警官为包括马里兰州和弗吉尼亚州在内的三州城市铁路和公交系统提供安全保障。交通警察局单位包括一个反恐怖主义分队，致力于地铁系统上扩展性的化学、生物、放射性元素探测程式。这些警察熟悉连接着各个行政区的地下道路。

国家公园警察

美国内政部的这个部门管理着所有国家公园区域，例如国家广场。最初它是1791年由乔治·华盛顿本人在其第一届总统任期创建的，自那以后，美国公园警察一直忠实地为这座国家首都服务。他们通常在白宫周边的街道和公园巡逻，协助特工处保护总统和来访政要的安全。

特工处

从2003年开始，美国特工处在国土安全部工作。在绿钞毒摧毁它的部队之前，这个机构雇用了数以千计的特殊人员和制服军官。它最初创办于1865年，是美国财政部的一个分支，职能是禁止涉及美国货币的伪造活动。但在威廉·麦金莱总统于1901年被刺杀后，特工处的主要职能转换为保护总统及其家人。现在，它扩大了服务范围，还保护来访的外国元首和其他贵宾，以及从事特殊海外任务的美国官方特使。

美国国会警察

美国国会警察局是一个联邦法律机关，成立于1828年，为美国国会大厦提供安全保障工作。作为服务联邦政府立法部门的所在地，国会大厦现在被征用为一个煽动性的非法军事派系“真实之子”的总部。注意：USCP同时也为整个国会团体提供保护，包括它的建筑、公园，还有大街道以及国会大厦的访客、雇员，还有国会议员以及他们的家人。

特区国民兵

和美国其他五十个州一样，哥伦比亚区也有自己的国民兵单位。特区国民兵形成于1802年，由托马斯·杰斐逊建立，它的任务是包围新创建的行政区。全国范围内，国民兵是美国武装部队中预备役军人的组成部分；它同时在州和联邦的管辖下行事，作为保卫美国的第一道防线而存在。和战略局特工一样，大部分国民兵军人和飞行员同时兼任普通工作和国民兵的工作。特区国民兵和战略局一样，在美国总统的直接管辖之下。

其他当地机构

华盛顿特区既具有地方性也具有联邦性，在国内有着特殊的地位和独特的组织架构。这里有数十个其他小型执法机构，它们保护着特定的建筑和政府团体。例如铁路警察、动物园警察、国会图书馆警察、美国铸币厂警察、五角大楼警察、国民健康研究院警察，以及联邦最高法院警察。

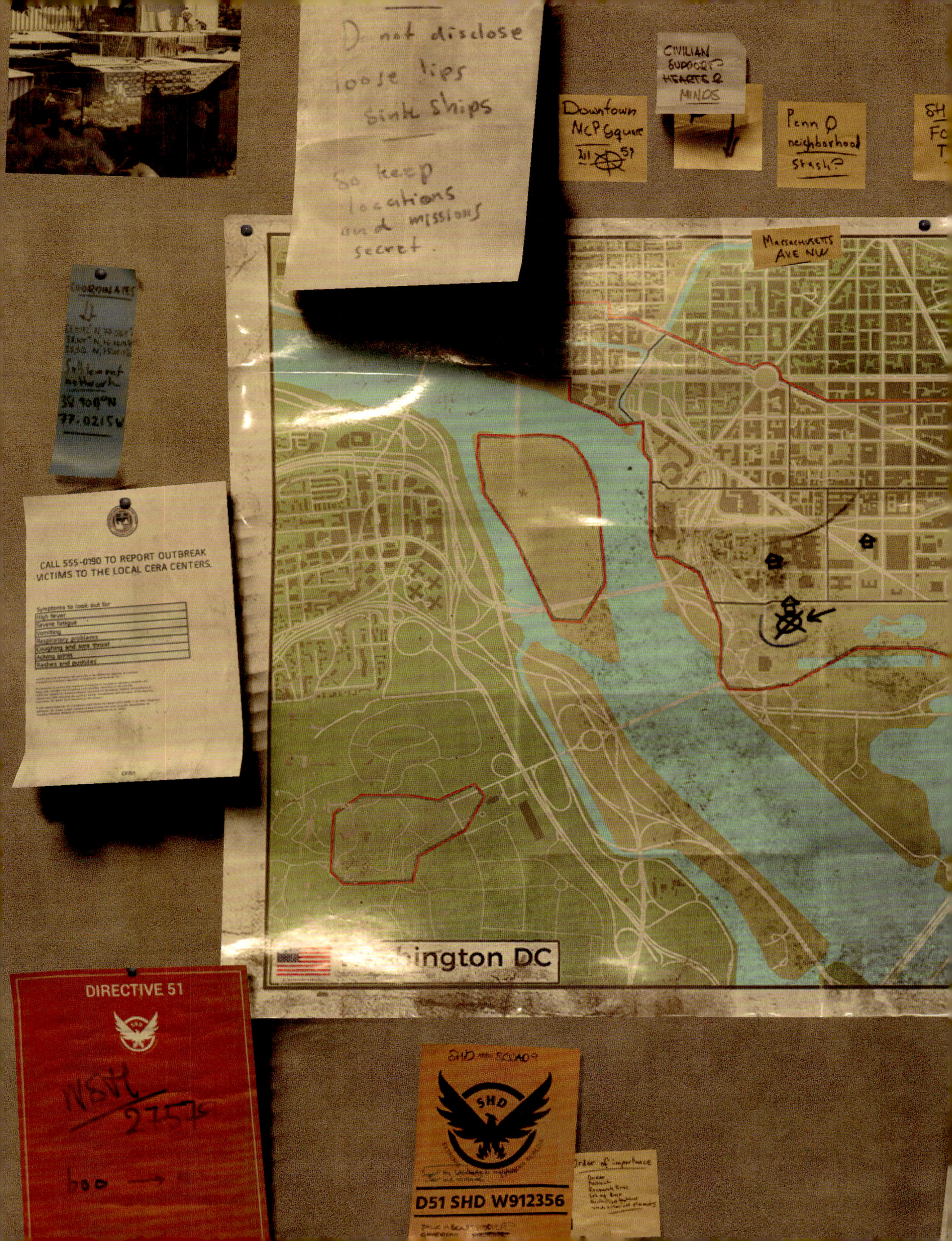

Do not disclose
loose lips
sink ships
So keep
locations
and missions
secret.
CIVILIAN
SUPPORT?
HEARTS &
MINDS
Downtown
McP Square
Penn Q
neighborhood
stash?
MASSACHUSETTS
AVE NW
COORDINATES
Settlement
network
38.9019°N
77.0215W
CALL 555-0190 TO REPORT OUTBREAK
VICTIMS TO THE LOCAL CERA CENTERS.
Symptoms to look out for
High fever
Severe fatigue
Vomiting
Respiratory problems
Coughing and sore throat
Aching joints
Rashes and pustules
hington DC
DIRECTIVE 51
SHD
SHD
D51 SHD W912356
Order of importance

FIRST WAVE HAS FALLEN?
SECTION 7 CLEARANCE
BRO JØGAN RADIO
WH, CAPITAL STRONG ARMED FORCES
Report: Raven
Blue
J. Bob
US STATE ISSUE
IVIL ORDER 98779
GUIDELINES WSH DC

附录

附录1

“天花病毒的侵袭很有可能带来一场大灾难，除了大规模的核武器攻击以外，这是唯一可能从外部威胁到美利坚合众国的长治久安的存在。”

加勒比地区公约组织（CATO）研究机构给美国政府呈上的报告

痘疮病毒，通常被称为天花，一般会装载于CBNR类的武器中——化学武器（Chemical）、生物武器（Biological）、放射性武器（Radiological），还有核武器（Nuclear）——国际法严格限制这类武器。生物武器，通常被称为“穷人的核武器”，和其他具相同破坏性的武器相比，它更加便宜，易于采购、开发和使用。大范围的天花病毒传染会导致大量人员伤亡和内乱，社会组织结构一溃千里。疾病本身不会自然发生，一个单独的已确定的病例就算是终极警告，联邦和州政府监控部门的天花预警措施会被立时触发。

长久以来，天花被（秘密地）视为是CBNR武器中最为恶劣的一种，不仅因为它能直接对受害者造成影响，还因为它是一种极难战胜的疾病。这种病毒像是看不见的敌人，通过受害者日常生活中的举动，就能迅速地传播开来。任何政府想要试图在其出现后停止、减缓或者限制这种大型传染病毒的传播，只能控制人口。这意味着要进行隔离、检疫（最好是自愿的，但必要时也可强制），还有社区隔离——军事法下可强制执行的一切方法。第二步就是尽可能快地开发出疫苗。对于平民来说，最基本的避免接触传染病毒的方法是穿戴防护服和识别感染源。

病毒本身只能通过焚烧或暴露到广谱紫外线（UV）和短波紫外线（UVC）之下的方式才能被消灭。只有在病毒没有感染人时，UV光照才是行之有效的杀灭办法（例如在空中，或是处于非生物体的表面）。为了防止疾病的传播，尸体必须马上焚化。如果无法焚化，那么尸体必须埋葬在离水源和人类居住地至少三十米之外，并且至少要埋到两米深的地方，以免野生动物将其掘出。

近几十年来，像2001年的暗冬行动和2005年的大西洋风暴行动这样的动员演习已经显示出生物攻击具有毁灭性的破坏力。这些行动为政府计划——国家安全计划、51号政令——及其当下的连续性打下了基础。

重型天花

天花奇美拉，即当前的“绿钞毒”天花病毒已经在世界各地肆虐，它是自然产生的天花病毒的改良形式，重型天花。在人类的认知里，天花一直是历史上最致命的疾病。大约在一万年前，它就出现在人类身边，在有记录的历史范围内，它曾经夺走了超过五亿人的生命——这个数字超过了所有战争死亡人数的总和。

根据梅奥诊所的说法，天花病毒可以通过以下几种方式传播：

- **患者与患者间的直接传播。**病毒的直接传播需要相当长时间的面对面接触。这种病毒也能通过感染者咳嗽、打喷嚏或说话时喷出的口水传播。
- **患者的间接性传播。**在某些特定情况下，空气中的病毒也能间接播散，比如，通过建筑物的通风系统传染给其他房间或其他楼层的人。
- **通过受污染的物品。**天花也可以通过受污染的衣物和被褥传播，虽然通过这些来源感染的风险并不是很大。
- **作为恐怖分子的武器（可能）。**任何蓄意释放的病毒都有可能以指数级别的速度快速传播。政府官员已经采取诸多预防措施来抵御这种可能发生的袭击，包括战略性地储备天花疫苗。

世界卫生组织能够彻底消灭人体中的天花病毒，要归功于结束于1979年的史无前例的全球性免疫运动。已知的两个剩余病毒样品一个被严格控制在佐治亚州亚特兰大市的美国疾病预防控制中心（CDC），并处于世界卫生组织（WHO）的监管下；另一个在位于俄罗斯科尔索沃的国家病毒和生物技术研究中心矢量研究所。俄罗斯政府在冷战期间的军备竞争中大量投资用于天花病毒的武器化。然而，如今某些证据表明，其他国家也设法获得了样本，并应用于他们自己的生物武器项目。

天花奇美拉

天花奇美拉的DNA被数字化为无限性的不稳定；情报调查表明戈登·阿默斯特博士人工合成了数百种变体，试图找到一种致死率高达百分之九十的配方。病毒可以在尸体伤口处、各种有机物或合成物的表面上维持数月的休眠。这样即使感染者已经死亡或尸体已被运走，受感染地区的传染性仍能持续很久。

病毒的传播方式和流感一致，空气中的微粒通过嘴、鼻、耳或眼睛钻进感染者的身体，或者是与受感染表面的肢体接触。它的致死率非常高，幸存者也往往会留下可怕的身心创伤，有时候甚至会失明。自然发生的变异体的致死率30%，尽管在儿童中这一概率会升高至接近80%。有传言称，奇美拉变体能杀死90%的受害者，包括男女老幼。即便一个人侥幸在病毒的摧残中存活下来，很多病人还是成了破损的基础设施的受害者，整个社会在大灾病的巨大压力下持续崩坏。

天花奇美拉有七天的潜伏期，在此期间病毒在感染者的体内生长，但没有可见的症状。在这段时间里，被感染者通常看起来没有什么两样，正常而健康，也无法感染其他人（这可以和重型天花的十一天潜伏期作对比；如果受害者在重型天花感染的头三天里接种疫苗，病症将不会完全暴发）。一旦天花潜伏期结束，感染者会出现疑似感冒的症状——发热、头痛、全身不适、疲劳——并且具有高度传染性。此时感染者表面不会出现明显的天花标志症状，除了有可能产生的嘴部和喉部水泡。

在出现类似流感症状三天后，感染者的皮肤上会开始出现皮疹，受害者此时通常已经卧床不起。再过一两天，这些病变的皮疹大多会变成满是透明液体的小水泡；八到九天后会结痂，最终脱落。很多人无法撑过最后一个阶段。

附录2

关键人物的更多介绍

国土战略局特工一本通！

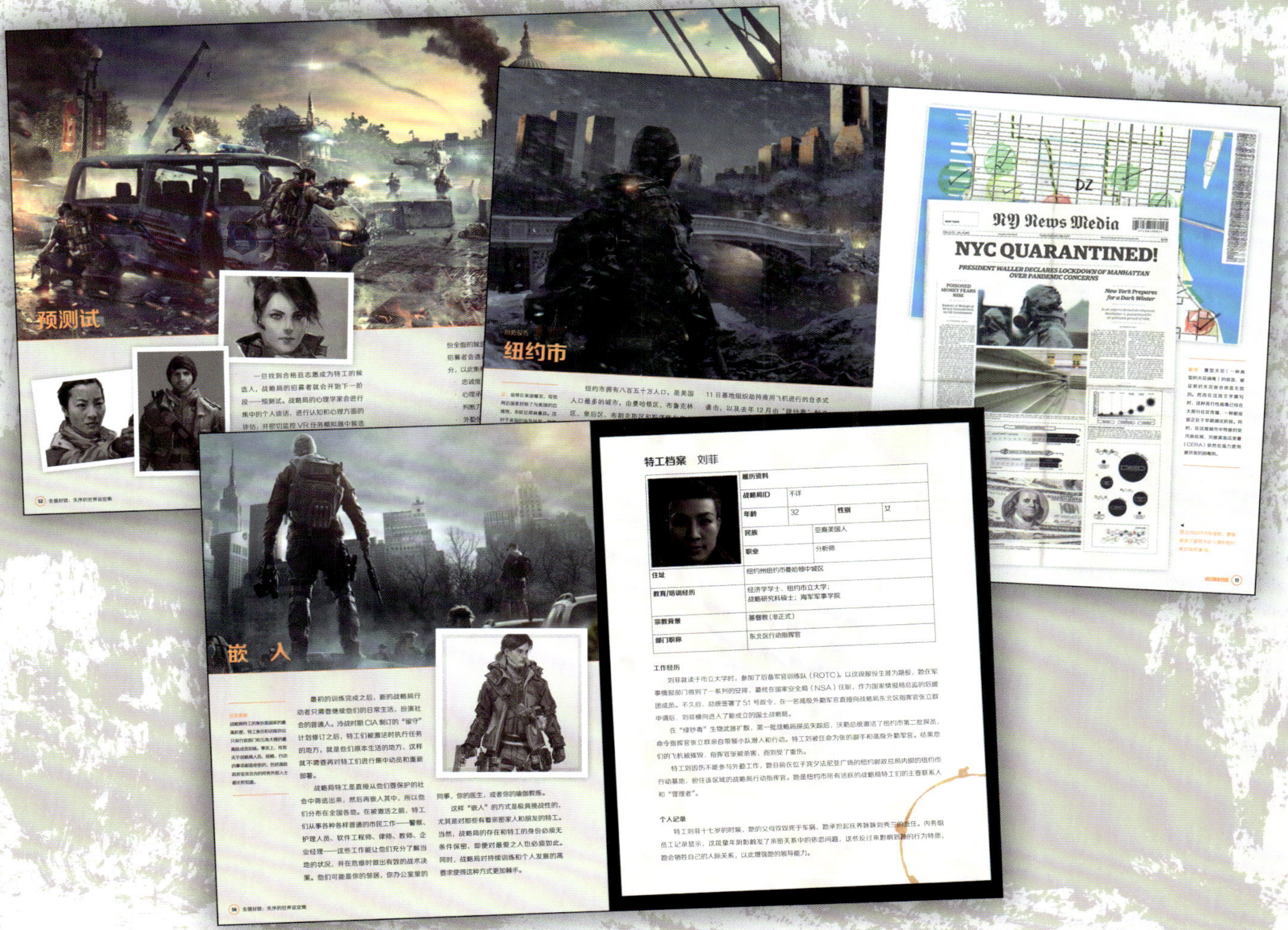

《全境封锁：失序的世界设定集》由黑马图书公司和育碧娱乐公司合作精心打造，为读者提供了对混乱和危险世界的独特见解。

- 代入国土战略局特工的角色，誓要拯救濒临崩溃的失序世界。
- 160 页全彩印刷，囊括《全境封锁》游戏一代、二代内容。
- 次元书馆引进的精美设定集作品，《全境封锁》游戏及小说最佳伴侣！

不要错过这个机会，去了解所有有关战术方法、高科技工具，以及所有重要任务的知识！

简介　戈登·阿默斯特博士

	**年龄**	54	**性别**	男
	职业	病毒学家		
	住所	纽约市　地狱厨房		
	状态	死亡		

戈登·阿默斯特是库珀联合学院的一名病毒学家，他的主要工作是设计天花奇美拉病毒。他将重型天花的基因密码数字化，进行多种组合试验，并且利用了3D打印技术来实现了那个组合。

阿默斯特博士狂热地相信一个理念，人类造成的气候变化已经让生态系统运转越过了那个节点，已经万劫不复，极端天气灾害、物种灭绝和环境污染将共同毁灭这个星球。他认定人类本身已经对生物种群造成了威胁，需要在全球范围内有大规模的“族群感染”。在他死之前的几年时间，他的争议性的观点让他被各个大学校园抛弃，因为无论是在他工作的学校，还是做客座讲座的学校，他公开发表的关于“生物圈中的人类淘汰论”的演讲或言论，几乎都引发了暴乱。

受到这个致命概念的启发，阿默斯特博士选择在他预感即将到来的人与自然的生存之战中成为一名秘密战士，他将自己的病毒学知识作为武器。近些年在数字化DNA上的突破性进展，使得培育新一代的实验室级别的病原体过程比从前快了千倍。他始终遵循着这条逻辑，并推断出如果想让地球继续存在，那么就要接受数十亿人的死亡。

他的下一步就是获取非法制造的天花样本，其来源至今仍未被查明。当他发现天花奇美拉基因变体能作为非常高效的生物武器，他就用一台3D生物打印机制作了一些样本。最后一步就是找到隐秘、万无一失的途径来扩大它的影响，最好是某种具象征意义的方式。最终他选择了被污染的金钱。在阿默斯特眼里，金钱是人类贪婪无度的完美象征。

在病毒爆发后的几周后，战略局特工们在阿默斯特的实验室发现了他的尸体，具讽刺意味的是，他正是被自己制造的病毒夺去了生命。

简介　杰西卡·坎德尔

	**年龄**	46	**性别**	女
	职业	日内瓦实验室生物医学工程师		
	住所	切尔西大厦		
	教育	麻省理工学院（学士学位）， 约翰·霍普金斯大学（博士学位）		
博士后研究	疾病控制中心			

杰西卡·坎德尔博士是一名和联合特遣队位于纽约市行动基地的医学部合作的卓越病毒学家，致力于奇美拉这一天花病毒疫苗的研制。在加入这项研究之前，她以极为优秀的成绩从麻省理工学院和约翰·霍普金斯大学毕业；之后在一个独立性极强的疾病管控战略局团队工作了五年时间；同时在一家纽约的新兴基因技术公司担任首席研究者。

坎德尔博士有很高的欣赏审美，个人爱好也非常多，从艺术到古典音乐到纽约的战车篮球，但她最大的热情还是投入到解决微生物学的奥秘之上。尽管她在圈子里声名远播，被视为天赋极佳且异常出色的基因学家，但她同时具备破解不可思议的病毒基因组合的能力。

个人信息

坎德尔博士的优秀和严谨态度令她的同事和上司非常惊讶。她在纽约市的上西区长大，七岁时母亲死于胰脏癌，此后由父亲抚养长大，实际上父亲并没有做什么。在坎德尔的整个人生中，她对于科学奥秘的固执求索让她和亲近的人渐行渐远。

简介　罗伊·贝尼特斯队长

年龄	48	性别	男
职业	警察		
住所	皇后区贝塞		
宗教信仰	罗马天主教		
训练	纽约市警官学院		

罗伊·贝尼特斯在纽约市的联合特遣部队担任领袖。他曾是纽约市警局队长，领导联合特遣部队中城区纽约邮政总局基地的安全部门，并指挥了从仍活跃在城市内的敌对派系手中重新夺回街道的行动。

贝尼特斯最早当了八年的麻醉剂管理员，后被提拔为选区队长，成了纽约市警察局的一员——他的父亲曾是唐人街巡警，并视警察工作为“家族事业”。由于他的英勇果决，他赢得了许多奖章。在逃过南塔的倒塌后，他是9·11事件最早的响应者之一。

当暴乱者席卷联合特遣部队林肯隧道检查站时，战略局营救了他。贝尼特斯一开始并不喜欢和联邦调查局共事，但在和战略局的通力合作中，联合特遣部队控制范围不断扩大，于是他开始对这个机构产生了兴趣。他和特工刘菲合作，指挥行动消灭三大主要敌对势力，即净化者、赖克斯帮以及幸存者军队。

个人信息

罗伊·贝尼特斯无比热爱纽约市，他的同事描述这种感觉为“发自肺腑的、几乎是本能的爱”。但对他来说，纽约不仅仅是越过天际线的钢铁和混凝土，更重要的是朴实而坦率的纽约人。

绿钞毒让贝尼特斯失去了妻子，失去亲人的痛苦是十分复杂的。即便事实上，他和他的妻子早已处在分离的边缘，直到疾病夺去了她的生命。这段关系的破裂有各种各样的原因，包括他的宗教信仰、警察局事务和无法生育等。但是失去妻子的贝尼特斯还是陷入了极大的悲痛，因为妻子的去世让他产生了愧疚之情，而他在努力平息这种情绪。

简介 保罗·罗兹

	**年龄**	45	**性别**	男
	职业	联合特遣部队技术总监		
	住所	布鲁克林 班森贺		
	教育	罗格斯大学（电气工程学士），纽约州立大学石溪分校（计算机科学理学硕士）		
曾隶属	幸存者军队			

保罗 · 罗兹曾是幸存者军队的一员，现在则是联合特遣部队的工程师。他负责行动基地的技术部，他的工作是维持曼哈顿地区电力、供给线，以及交流网络的完整性。

他在新泽西州中部出生并长大，一直过着无休止的流浪生活。他在大学毕业后，曾在数家创业公司工作过，却从没在哪个公司久待过。他定居在曼哈顿，也已经有了妻子。但在 2001 年 9 月 11 日清晨，世贸中心北塔倒塌，他的妻子在其中办公，他永久失去了她。

在这之后，复仇的决心激励他对抗恐怖分子，但美国政府不温不火的回应让他感到被羞辱而沮丧。因此他没有进入美军，而是加入了幸存者军队私人武装公司。2003 年，幸存者军队派他去伊拉克工作，并成为一名工程承包商。在一次恐怖的路边突袭中，他的队伍被歼灭，他成了唯一一名幸存者。之后他离开了伊拉克和公司，承受着作为幸存者的巨大内疚。他从军事合约工作退出，重新回到曼哈顿生活。

天花嵌合体病毒爆发后，罗兹为联合特遣部队提供服务并很快成为其首席工程师。本地停电使联合特遣队行动基地受到影响，经查发现是地铁停尸间的发动机故障导致，罗兹带领一支队伍去地下调查，但他们自己迷失了方向。多亏了第二波战略局特工的勇敢救援，他才得以抵御净化者的本奇利小分队的袭击。罗兹重新启动了电力网络，为联合特遣队技术部提供了能量源。

个人信息

自从在 9 · 11 事件中痛失爱妻，保罗 · 罗兹就开始刻意避免与他人建立亲密关系。在幸存者军队的经历让他变得愤世嫉俗，再加上他对核心阴谋论的奇特嗜好，整个人显得有点“神经兮兮”。罗兹很确信，一定有某种“暗深势力集团”潜伏在幕后，操纵关于天花病毒爆发的一切。这种糟糕的世界观也解释了他对于战略局挥之不去的信任问题。

如果不考虑外貌和扰人的直率，据战略局的人事档案分析，罗兹被认为拥有“可怕的智慧”。一方面他是技术天才，另一方面他也是专家级的武器工程师，他将自己的一切都奉献给了工作。他的同事都对他高度精准的直觉感到敬畏，但是不喜欢他的人则认为他蔑视权威。实际上，维护公共利益的热情是他前进道路上最大的动力。

简介 阿普丽尔·凯莱赫

年龄	不明	性别	女
职业	不明		
住所	不明		
状态	生存		

阿普丽尔·凯莱赫是纽约市长期居民，在纽约被隔离的第一天，她就被困在了曼哈顿。一本《纽约沦陷：城市灾难生存指南》让凯莱赫在病毒传播的初期顺利活了下来。她的这本书里夹满了她手写的笔记，散落在曼哈顿各处。战略局特工把这些散落的笔记找齐，还补充了一些相关的信息资料，使她的经历在细节上更为翔实。

在病毒爆发之前，阿普丽尔和她的丈夫比尔·凯莱赫一同生活在布鲁克林，后者是一名在曼哈顿 Sequent 生物技术集团工作的生化学家。她的日志显示，在 12 月 3 号——就是这座城市爆发第一起天花病例的那一天，阿普丽尔决定来 Sequent 看望比尔，准备劝说他在危机消除后回家。然而，在她抵达之时，她目击了丈夫被谋杀的血腥场面——一支非法军事武装突击分队，身着黑衣，在大街上用枪击倒了他。悲伤恐慌、痛苦不堪的阿普丽尔试图回家，但灾难紧急应变署的隔离区在那个下午建立起来。在绝望中，她横跨混乱的街道，前往一个朋友在上城区的公寓。

阿普丽尔开始在《纽约沦陷》的页面边缘写日志，她以事件发生的顺序记下她的遭遇，她声称这样做是为了保持理智。在日记中，她以尖锐、细致的洞察力描述了纽约沦为无政府状态的情形。她为了寻找答案展开了一系列调查，并揭露了生物袭击事件最初的蛛丝马迹和事件的目的。她曾在途中遇到第一波战略局队员，这其中包括贵族小队的道格·萨顿特工，后者从一群赖克斯帮暴徒中营救了她。她的日记终结于 1 月 7 号，她宣称自己试图进入城市的暗区。

据称，在进入暗区之后，她又偷渡逃出了纽约城，但并没有人知道她此行的目的。她最后一次被目击是往西去，陪伴同行的是一名身份不明的战略局特工。

档案 安德鲁·埃利斯

年龄	45	性别	男
状态	生存		
职业	美利坚合众国总统，白宫发言人		

埃利斯来自一个世代服务于公共事业的家族，数十年间他们轻松斡旋于商界和政界。他的家族主要对农业和制药业感兴趣。他一直在这条道路上努力，包括四年的阿纳波利斯海军军官学校生涯，早年他在那里就学会了如何当一个领导者。

档案　曼尼·奥特加

年龄	45	性别	男
状态	生存		
职业	调度员		

曼尼·奥特加曾是国民兵的智能信号和交流专家。他的叔叔死于原鬣狗帮之手，那时他们俩正在一起，这件事点燃了曼尼的正义之火。很快他成为联合特遣部队驻扎在白宫的硬核小分队的一员，并成为幸存下来的战略局特工调度员。曼尼同时具有精确的情境感知能力和尖酸的幽默感，所以他很快融入了特区战略局。他在加利福尼亚州还有家人，但由于国土战略局网络问题，他目前无法联络到他们。

档案　阿兰妮·凯尔索

年龄	31	性别	女
状态	生存		
职业	战略局特工		

阿兰妮是第一批读完美国陆军突击队学校的女性，在那里她展示出及时解决问题的能力和致死的暴力。这让美国中央情报局（CIA）对她很感兴趣。有几年的时间，她作为国家秘密行动处的非法武装特工执行机密任务。在那里，她得到了两极分化的评价，一些人认为她总是能把问题解决，另一些人则认为她解决问题的途径值得商榷。最终她被招募到战略局的麾下，让她担任训练导师，直到她以特工的身份重返战场。

档案　里克·瓦拉西

年龄	64	**性别**	男
状态	生存		
职业	邮递员，播客主持		
住所	纽约布朗克斯（目前就在晨边高地的一间阁楼）		

理查德·瓦拉西（邻居称呼他为“里奇”；祖母吉塞拉称呼他为“里卡尔多”；军队的伙计们则叫他“瓦拉索尔”）是弗兰克·瓦拉西和贝蒂·瓦拉西所生的三个孩子中最小的一个，他们在意大利经营一家奶酪店。里克的性格活泼开朗，曾就读于布朗克斯科技高中。但因为征兵，导致他无法按照父母的计划去上大学。

1971 年，当他从战场归来（二次复员回国的第一天，他的膝盖被流弹打坏），受到约翰·克里对富布赖特委员会的激励，他花费数年时间，和反战越战退伍老兵（VVAW）一起工作，计划着集会、游行以及其他的非暴力抵抗运动。

最终生存的需求还是占了上风，瓦拉西在美国邮政系统找了份工作。同时他根据军人安置法案，开始就读于国王学院的夜校，当时这座学院还在帝国大厦。从此他一直在美国邮政局（USPS）工作。

绿钞毒危机让他产生一种感觉，仿佛自己的一生就是为了等待这一时刻：他已经积累了数十年经验和数据，他知道那些有钱有权的人计划怎么做，这就是他利用枯燥乏味的官方传媒的机会。里克总是幻想自己是夜色中的声音，诉说着铿锵有力的真理，向普通人传递信息和情报。现在他做的就是这件事。

档案　维塔利·切尔内科

年龄	48	性别	男
状态	不明		
职业	免疫学家		

维塔利·切尔内科是一个大家族的最后一个孩子，他有六个兄弟姐妹，在他热闹、喧嚣的家中，他总是不知所措。他宁愿躲进书本或学校功课中，也不想和他的哥哥姐姐们玩耍。他的父母还相爱的时候，他们总是不知道拿这只鸟巢中安静、呆呆的布谷鸟怎么办才好。

维塔利勤奋投身于学校功课，最终考上了很多人向往的学校，去了莫斯科学习。在此之前，他的兄弟姐妹中没有人因为学习或工作离开过新西伯利亚，所以这成了他们家族的一次大冒险，而他宁肯脱离这样的家族。他享受在莫斯科的学习过程，他知道自己注定要回到家中。幸运的是，他回到家乡仍然可以实现自己的专业追求——在世界上最重要的病毒研究中心之一工作。

他见到了阿默斯特，后者正在进行定向的一年交换生。这两个人私下里一见如故，除了他们有不同的政治观点。切尔内科不介意阿默斯特向他喋喋不休地阐释，而阿默斯特喜欢有人为他搞定枯燥的技术和工作。他们合作了仅仅一年，之后始终保持着联络，他们成为彼此最重要、最亲近的朋友。

绿钞毒袭击时，切尔内科正在西奈医院的会议上发言。很快他取到了俄罗斯领事馆的庇佑，根据他的职位，他能在那里享受到半特殊待遇。然而，轮到俄罗斯人员撤离时，他天生的轻言细语使得他被忽略了。在疯狂的争抢中，他被忽视了，等有人注意到他被落下时，为时已晚。

档案　卡雷布·邓恩

年龄	32	**性别**	男
种族起源	非洲裔美国人		
出生地	纽约布朗克斯		

在纽约城做急救医疗技术员前，卡雷布曾经作为战斗医学专家服役于美军。他有着非凡的作战记录以及良好的声誉，这正符合国土战略局的要求，于是他很快被征募了。马赛厄斯·卡明斯基和他都是事件爆发后起用的第一波特工，两人建立了亲密的关系，直到三月卡明斯基被害。卡雷布发誓要追查真凶，凭借他自身的坚韧完成这一任务。但在他身上，战士和治疗者这两个角色从未真正地达到和谐。

档案　希瑟·沃德

<table>
<tr><td rowspan="3"></td><td>年龄</td><td>29</td><td>性别</td><td>女</td></tr>
<tr><td>种族起源</td><td colspan="3">亚裔美国人</td></tr>
<tr><td>出生地</td><td colspan="3">西弗吉尼亚州 帕克斯堡</td></tr>
</table>

希瑟是一名调解专家，当她的一个亲密好友在一次人质事件失控被杀后，她决定放弃自己成为娱乐法律师的梦想，加入了联邦调查局紧急事件响应小组（FBI CIRG）。在此期间她在乔治城大学取得了心理学哲学博士学位，在那里她关于“大灾劫下的思维模式”的论文引起了国土战略局（SHD）的注意，很快她就被招募进国土战略局。希瑟是一个顽固的乐天派，她拥有出色的专业内容阅读能力。她对整个团队的整体幸福感体察甚微，也很懂得如何处理榴弹发射器。

档案　布莱恩·约翰逊

年龄	35	性别	男
种族起源	高加索人		
出生地	加利福尼亚州 圣克鲁兹		

像许多在圣克鲁兹长大的小孩一样，布莱恩很小的时候就爱上了冲浪，并且立志要成为专业运动员。但一次糟糕的失恋让他莽撞入伍加入海军，之后他加入了巴尔的摩警察局，他在那里的快速反应小队成为一名狙击手。在此期间，他被战略局招募，在病毒爆发的最初几天，他曾试图对抗日渐猖獗的暴乱，但却眼睁睁地看着朋友们被病魔打败。当时的所见所想给布莱恩留下了深深的心理阴影，这一创伤还将持续。

档案　“螳螂”

年龄	35岁左右	性别	女
种族起源	高加索人		
出生地	不明		

关于黯牙特别行动队我们所知甚少，只知道其中一位成员的代号是“螳螂”。“螳螂”的外形描述和指纹与前美国陆军突击队员琳达·卡尔波相吻合，但在国防部的记录中，她隶属于中央情报局。有可能信息被篡改，也可能是卡尔波的身份被窃取，至今都没有查明真相。“螳螂”在黯牙组织中的地位十分关键，她负责协调来自其外部附属集团的支持。她是一名武器专家和炸药专家，同时也是拥有沉静、缜密心智的近距离巷战专家。

档案　奥雷利奥·迪亚兹

年龄	34	**性别**	男
状态	生存		
职业	战略局特工		

作为华盛顿特区的本地居民，战略局特工奥雷利奥·迪亚兹在绿钞毒危机爆发后不久就被激活了。特区在危机爆发后数月都相对稳定，所以迪亚兹去到纽约市，响应他们对于战略局的支持。不幸的是，这一调动让他和自己的孩子阿梅莉亚和伊万分离了，而这一分离让他压力极大。他全身心地投入到国土战略局（SHD）的任务上，但他希望能返回华盛顿，这样他就能在做好工作的同时也保护好自己的家人。

他的最后一次任务是在纽约城外，追捕可疑的流浪特工艾克·龙森。

档案　艾萨克（艾克）·龙森

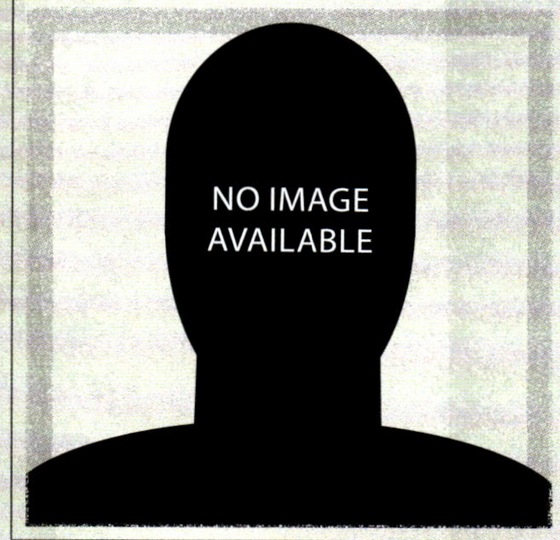

年龄	64	**性别**	男
状态	生存，流浪		
职业	战略局特工		

艾克 · 龙森是第二波特工的一员，在纽约被激活，并一直参与国土战略局（SHD）突击队的各种行动和任务，以支援联合特遣部队。因为对联合特遣部队在纽约市的进程不满，当黯牙招募他参加一项新任务时，他轻而易举地妥协了。龙森相信秩序和稳定，他已经开始失去对联合特遣队和战略局的信任，他认为这不是建立一个崭新重生的美国的最好方法。

他最后一次被人看到是在纽约市外，但目前行踪不明。

图示为华盛顿特区地图，黄色为郊外，绿色为自然区，红色为住宅区，紫色为商业区，蓝色为政府，灰色为历史遗迹。

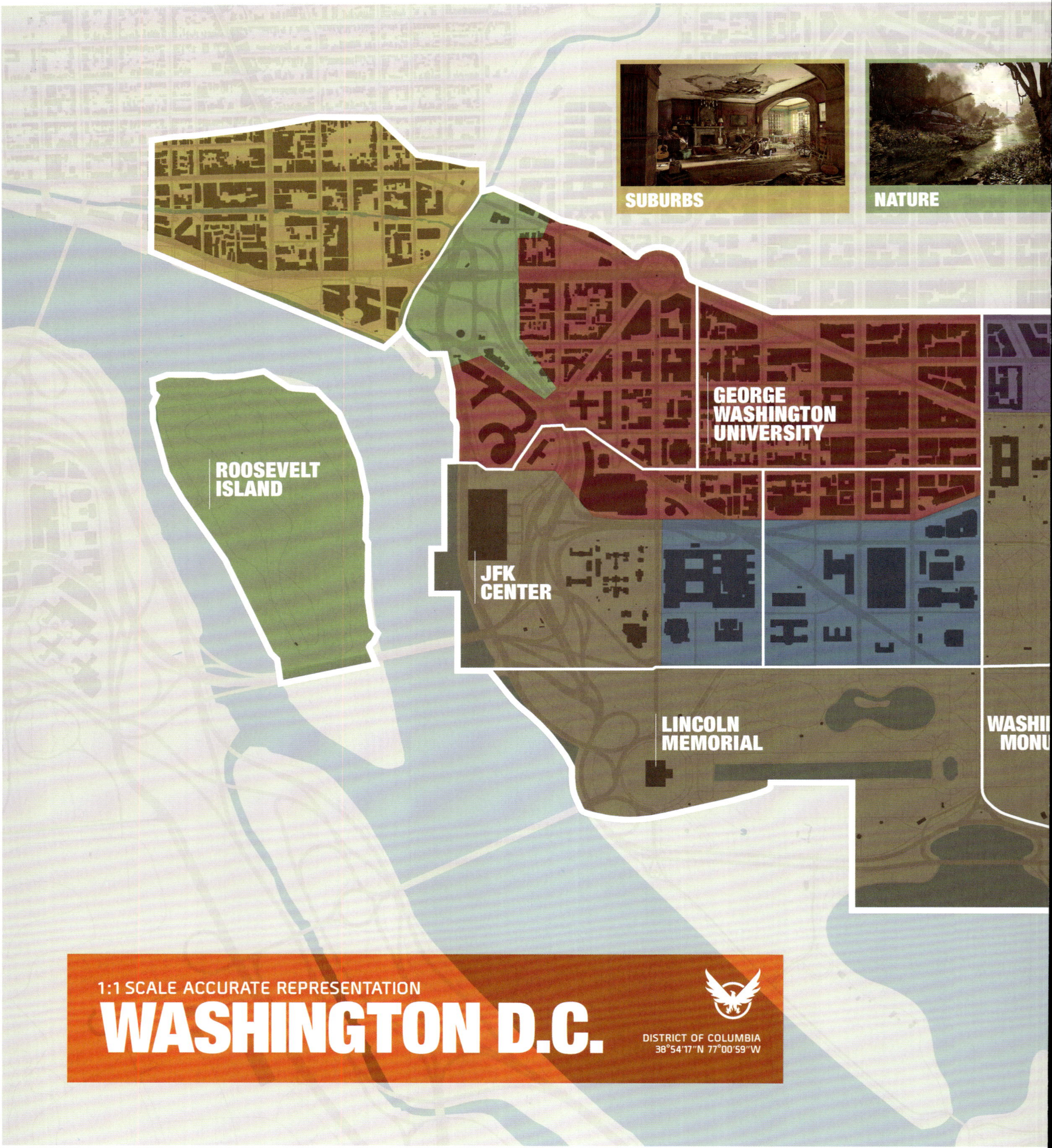

RESIDENTIAL

COMMERCIAL

GOVERNMENT

HISTORIC

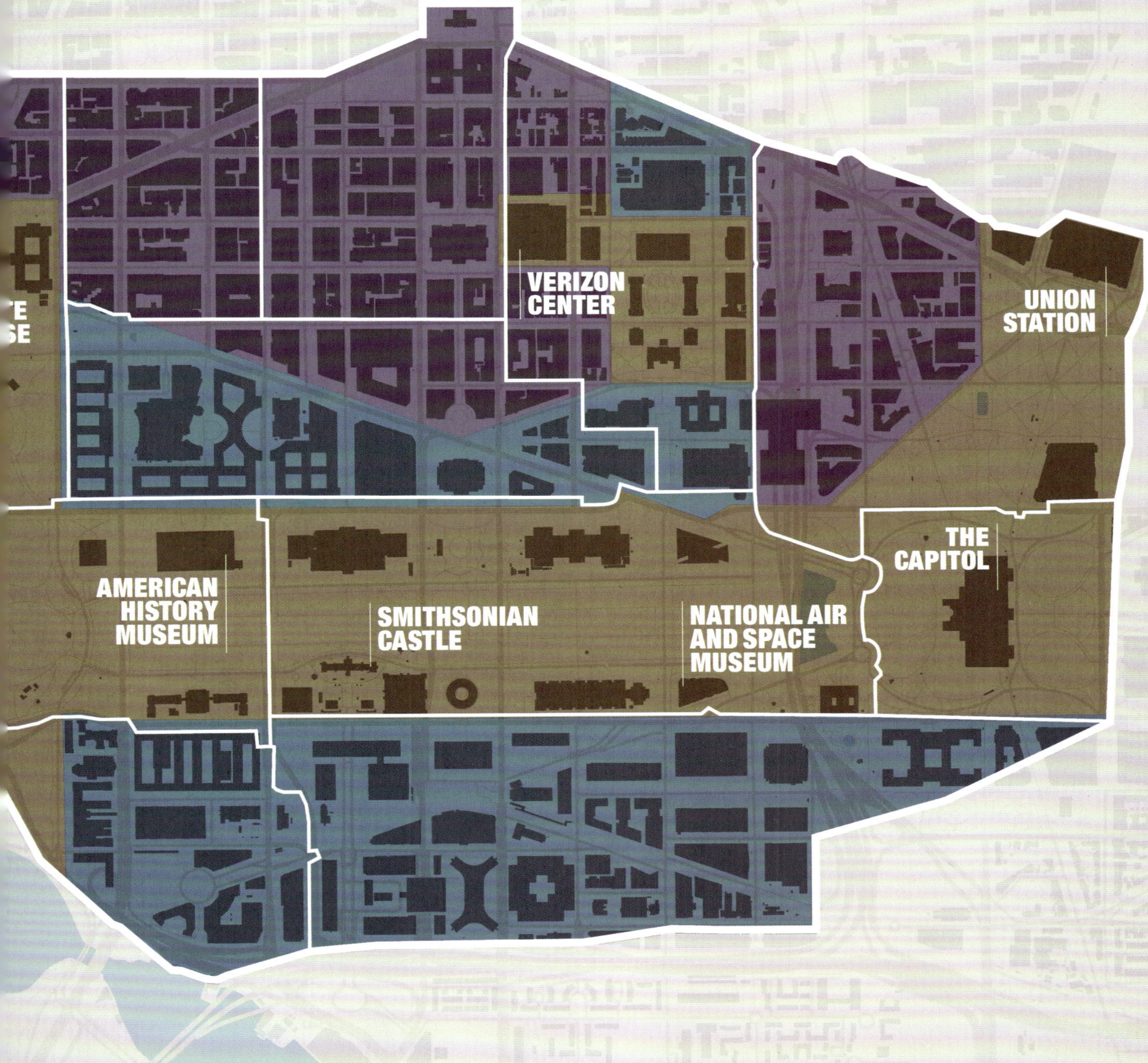
VERIZON CENTER
UNION STATION
THE CAPITOL
AMERICAN HISTORY MUSEUM
SMITHSONIAN CASTLE
NATIONAL AIR AND SPACE MUSEUM

MAP OF LOWER MANHATTAN

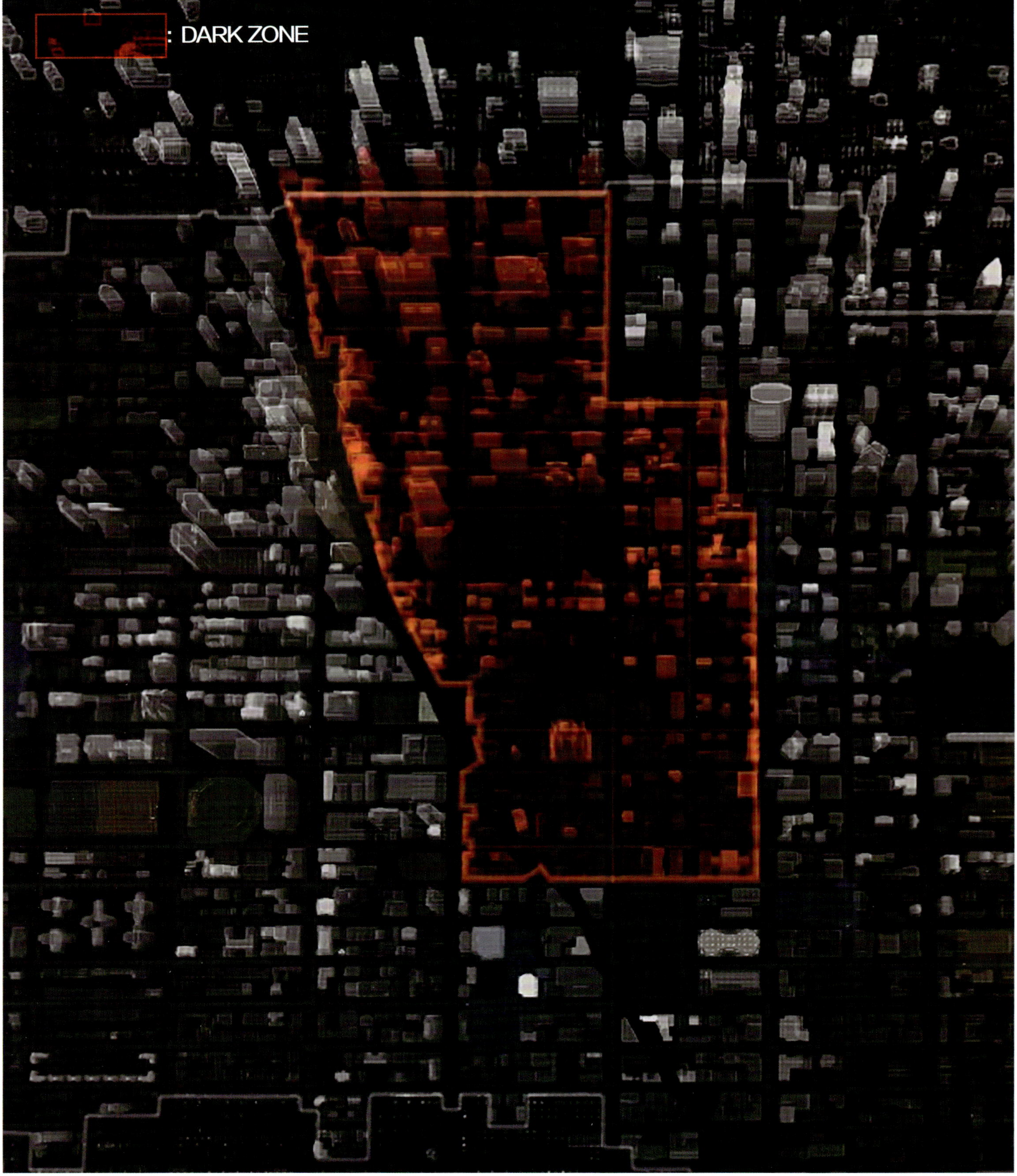

THE BASICS OF SURVIVAL

How to survive in a mid-crisis urban environment

SURVIVAL BASICS:

FOOD	Cans and bars will do Hunger will affect your health regeneration.
DISEASE	An infection will kill you eventually. Don't let it get worse. But there are meds out there.
WATER	Dehydration will affect your vision. You can still find water bottles.
COLD	Winter will freeze you to death.

Most buildings are still warm enough. Look for burn barrels. Warm clothes will help.

Once you got the basics, you can get yourself to:

1. **CRAFT MASK** Required to breathe in a contaminated area. It's a must for anyone thinking of entering the DARK ZONE.
2. **ENTER THE DARK ZONE** Antivirals are located somewhere in the Dark Zone.
3. **CRAFT FLARE GUN** For signaling your position to rescue teams.
4. **FIND THE ANTIVIRALS** These might be the only cure.
5. **EXTRACT** Wait for the helicopter. and stay on your toes.

基础生存指南，告诉人们如何在处于危难的城市中生存下来。

THE GREAT SEAL OF THE UNITED STATES OF AMERICA
· THE DIVISION ·
SHD
· EXTREMIS MALIS · EXTREMA REMEDIA ·